U0933944

像演说家一样说话

木鱼◎著

中国水利水电出版社
www.waterpub.com.cn
·北京·

内容提要

本书通过各类社交场景中的说话案例，深入浅出地解析了演说者应该具备的自我修养，并从掌握聊天界限感、高情商表达、戒掉负面口头禅、沟通要有应变力、共情式交流等方面阐述了说话技巧及应用方法，有助于人们在演说、约会、求职、谈判等场合中发挥语言的魅力，从而促进自我、情感、事业上的成功。

图书在版编目（CIP）数据

像演说家一样说话 / 木鱼著. -- 北京 : 中国水利水电出版社, 2022.2

ISBN 978-7-5226-0452-7

Ⅰ. ①像… Ⅱ. ①木… Ⅲ. ①演讲－语言艺术 Ⅳ. ①H019

中国版本图书馆CIP数据核字(2022)第024352号

书　　名	像演说家一样说话 XIANG YANSHUOJIA YIYANG SHUOHUA
作　　者	木鱼　著
出版发行	中国水利水电出版社 （北京市海淀区玉渊潭南路1号D座　100038） 网址：www.waterpub.com.cn E-mail：sales@waterpub.com.cn 电话：（010）68367658（营销中心）
经　　售	北京科水图书销售中心（零售） 电话：（010）88383994、63202643、68545874 全国各地新华书店和相关出版物销售网点
排　　版	北京水利万物传媒有限公司
印　　刷	天津旭非印刷有限公司
规　　格	146mm×210mm　32开本　7.75印张　186千字
版　　次	2022年2月第1版　2022年2月第1次印刷
定　　价	49.80元

前 言

前些年，一档语言竞技真人秀节目《我是演说家》异常火爆，深受人们欢迎。很多人通过这档节目感受到了语言的魅力，认识到了口才的重要性，并希望自己有朝一日也能像演说家那样妙语迭出、引人瞩目。

我个人非常喜欢《我是演说家》，从它播出的第一季到第四季，都曾认真观看，而且，我本身也一直在参加各类演说活动，举办过大大小小七十余场演说，并有幸因此拥有了众多粉丝。

没有人天生就是演说家，我从第一次尝试演说开始，就在不断地复盘，从中总结经验、吸取教训。我也经常拿自己与《我是演说家》中的选手进行对比，学习那些选手的优点，弥补自己的不足。当然，我也能看到某些选手的弱点，并以此警醒自己。

我算不算是一名演说家呢？对于这个问题，我可以自信地回答："我是！"

每个人都可以成为演说家。只要你相信自己，并运用合适的方法加以练习，成为演说家并不难。但是，你没必要成为职业演说家，而我，也并非职业演说家。

很多人之所以想成为演说家，主要是因为他们想拥有演说家的能力。如果让他们把演说当作职业，每天都要准备资料、提炼精华、背诵内容、安排预演等，那么他们很可能会兴致索然。

演说是一门艺术，也是一种技术，你不一定变成艺术家，但人多一技，必定有益。

仔细观察就不难发现，那些优秀的人似乎都具备演说家的特质。他们在应邀致辞、会议发言、召开发布会、商务谈判、危机公关等各种场合中，往往能运用语言魅力达到出奇的效果，比如带动气氛、鼓舞人心、精准宣传、说服听众、化解冲突等。

我写这本书的目的之一：希望更多的人拥有演说家的修养和能力。

此外，我还有一些友情提示：在大多数场合，你不可能用演说家那样的腔调、姿态、情绪、表情去面对众人，更不可能特意准备演说稿。在你的日常生活中，更为常见的是聊天、表达、口头禅、沟通、谈判、交流等说话方式。因此，我在这本书中会用一定的篇幅分别讲述这些说话方式的技巧，帮助你成为口才出众的人。

优秀的人往往拥有演说家那样的特质。祝你凭借说话的能力不断突破自己，取得辉煌成就。

木鱼

2021年11月写于北京

目 录

演说家的自我修养
音容笑貌都是演说成功的关键

你说话的语调决定了演说的质量 / 002

合适的语速是吸引听众的关键要素 / 008

得体的仪表是演说者的加分项 / 012

修炼内在气质，让演说更具气场 / 017

面对一张冷脸，没谁愿意跟你热情互动 / 023

演说前冷静 15 分钟，清除负面情绪 / 028

你注意过优秀演说者的走路姿势吗 / 033

表情和眼神到位，听众才会更加专心 / 038

说话的首要目标是让对方轻松听懂 / 043

掌握聊天界限感

聊天不是辩论，没有输赢之分

场面话和真话，你一定要分清楚 / 048

别人可以自嘲，但你不能附和 / 053

不聊八卦，是人际交往中的常识 / 057

你以为的说话直，可能是情商低 / 060

既插话又抢话，谁还想跟你交流 / 064

逞一时口舌之快只会让他人不愉快 / 068

别在聊天中赢了道理，输了感情 / 073

好的玩笑能让所有人都觉得有意思 / 077

高情商表达
谈笑间让别人充分信任你

任何沟通，尊重都要放在第一位 / 084

氛围好了，沟通就会轻松愉快 / 088

心存偏见，怎么能愉快地聊天 / 092

善用玩笑巧妙化解尴尬气氛 / 098

说话因人而异，世界会对你温柔 / 102

自费聚餐有讲究，某些话要先说透 / 106

和上司打交道，懂得说话很重要 / 111

别让你的抵触情绪影响了社交 / 116

自然流畅地没话找话，聚会永不冷场 / 121

戒掉负面口头禅
有些话说出来只会招人烦

如果公司……我就可以做到…… / 128

好了，不用多说，我明白了 / 132

行了行了，好了好了…… / 136

你说行，那就行吧 / 140

其实我很尊重你…… / 143

还不是为了钱加班吗 / 146

我付出的永远和收获不成正比…… / 149

哎，我这个人就是时好时坏的 / 153

沟通要有应变力
在关键时刻化解所有问题

面对刁钻问题，这样回应最巧妙 / 158

用反问的方式回应别人的挑衅 / 162

运用顺水推舟法，处理意外有奇效 / 166

谈合作比讲道理更能打动人 / 169

容易心软的人要学会拒绝 / 173

为别人打圆场的人最贴心 / 178

听众唱反调，必须清醒应对 / 182

盛怒之下更要注意自己的言语 / 186

在不同的场合采取不同的说话方式 / 191

共情式交流
说走心的话，一句顶一万句

学会安慰人，容易赢得他人的好感 / 196

聪明人都喜欢谈论别人感兴趣的事 / 201

不要用命令的方式跟下属对话 / 205

懂拒绝的人不会说让别人难受的话 / 209

明白对方的喜好，让聊天更有温度 / 213

识别情绪表情，掌握对方的内心 / 218

赞美也要走心，否则适得其反 / 222

幽默也有高下之分，你要认真学 / 226

打动人心，要以换位思考的方式说话 / 230

01 演说家的自我修养

音容笑貌都是演说成功的关键

你说话的语调决定了演说的质量

语调，即说话的腔调，在沟通中占据着十分重要的地位。恰当的语调不仅可以向对方传达自己的想法，更可以传达自己的情绪、感情，实现以声传意、以声传情的目的。事实上，很多高超的沟通者都是善于运用语调的专家。他们通过调整自己说话的语调，或慷慨激昂，或沉重缓慢，向对方传达自己的情感，并且吸引对方进入自己的情感世界。

有时候，语调表现出来的东西，比所说的内容还要多。打个比方，当你充满真诚地讲话时，就等于在告诉对方："我所想的就是我所说的，我所说的就是我所想的，我现在这样做，表示我尊重你。"这样一来，你会更容易赢得对方的信任。

语调就像是说话者的另一副表情。试想，当你给某个人打电话时，对方的语气很热情，虽然你们没有见面，可从声音里你还是可以判断出对方很开心。如果对方的语气很冷淡，那么就算对方告诉你一件很值得开心的事，你也会觉得这没什么可高兴的。与此同时，语调还能表达出多种含义。比如，用不同的语调来说“啊”这个语气词，表达的是“我懂了”“我没听清楚”或“我很惊讶”“我终于明白了”几种截然不同的意思。

不恰当的语调会让听者对说话的内容失去注意力，变得麻木，根本没有心思去思考你在说什么，而语调良好的声音却会产生截然相反的效果。尤其是在演说中，那些演说达人无不是运用高亢或是低沉的语调来吸引听众的注意力，并且让听众感同身受的。

一位著名的演说家到某剧场进行演说，无数听众慕名前来。这位演说家只进行一个小时的演说，然后剩下的半个小时是和观众互动以及回答记者提问的时间。

演说进行得非常顺利，演说家时而用轻松的语调来讨论愉快的事件，时而又用沉稳的语调来告诉人们某些道理，而全体听众的情绪也跟随着演说家的声音此起彼伏，时而轻松愉悦，时而庄重认真。

演说结束后，听众对演说家的精彩演说报以热烈的掌声。在记者提问的环节中，一名记者问道：“您是如何让自己的演说这么具有感染力的？又是如何调动听众的情绪的？”

这位演说家微笑着说：“其实，这没有什么了不起的秘诀。只要你能够调整自己的声音，变换演说的语调，那么听众的情绪自然就会受到影响，随着你的情绪而起伏。”

随后，演说家朗诵了一首诗歌，让听众和记者们体会到了语调变化的感染力。这是一首凄美的爱情诗，开始时，演说家用温柔、轻松的声音讲述着两个年轻人的邂逅、相恋，使听众体会到了爱情的浪漫和美好。之后，当讲述这对恋人因种种原因而不得不分开，遭受命运的捉弄时，演说家运用了低沉的声音和缓慢的语速。从他的朗诵节奏中，听众们感受到了那份凄凉、无奈，以及恋人相爱却不能在一起的痛苦，无不为之潸然泪下。

当演说家朗诵完最后一个字时，剧场内异常安静，只有一些听众的抽泣声。过了一会儿，大家依然沉浸在那凄美的爱情中不可自拔。

由此可见，声音是非常具有魅力的，它不仅可以传达人的想法，还可以传递人内心的情感。不仅在演说中如此，在与人沟通时也是如此。我们能通过适度地调整语调来调动自己的情绪，说话抑扬顿挫，就能够让自己的话语更加有魅力、有说服力。

比如，我们在强调某件事情，并想要吸引别人注意的时候，就会提高自己的语调；在讲述令人愉快的事情时，我们也会不自觉地提高自己的语调；而如果我们对某件事情不满，想要表达自己的抗议，那么也必须运用高亢的语调，慷慨激昂，否则我们的意见很难引起别人的注意，也很难表达我们内心的愤慨。

不管是什么人，在什么场合，说话都不能像机器人一样。否则，即便我们所说的内容再精彩，对方也不可能真正听进去，更无法产生情感的共鸣。只有合理运用语调，我们的话才能充满感染力，才能俘获听众的心。

魏红是一名话剧演员，她非常喜爱这份职业，也为此付出了很多努力。但是因为她的嗓音条件不是很好，说话时声音比较粗哑，缺少婉转、动听的特质，因此，她在话剧社一直没有出色的表现。魏红很着急，就去找一位声乐老师帮忙。

声乐老师跟魏红讲了很多，告诉她在什么样的情况下用什么样的音调、语气说话。魏红还听从老师的建议，每天清晨去树林里或者小河边，听着大自然的声音来吊嗓子，尽量让自己的嗓子受到自然的熏陶，让自己的声音变得清亮起来。功夫不负有心人，魏红渐渐能够掌控自己的声音了，她甚至还能模仿大自然的种种声音：雨声、鸟鸣、树叶的“沙沙”声……这，也让魏红在话剧界崭露头角，渐渐地成为一名话剧大师。

从这个故事中可以看出，要想让自己的语调动听并不难，虽然先天的条件很重要，但是这并非无法改变，我们可以通过后天的锻炼来弥补音色上的不足。

那么，我们应该怎么调整自己的语调呢？

1.吐字清晰是首要条件。

一个人无论做什么工作，无论长相如何，每天都会与不同的人打交道。如果我们吐字不清晰，就算长相再漂亮，也会影响与别人的沟通。而且，吐字不清晰的人往往给人一种胆小、怯懦的感觉。只有吐字清晰的人，才会让人看起来落落大方、端庄优雅。

2.精神饱满是重要因素。

如果一个人说话毫无生气，会无形中传递出一种负能量，这种负能量会让听众感到不舒服。这时，无论这个人打扮得多么精致，也没人愿意听他讲话。

3.语调有高低、快慢之分。

我们说话时的语调应该有高低起伏的变化，这样才会让听众感到愉快和自然。有的人声音比较尖利，说话时的语调一直很高，会让听众觉得刺耳；有的人声音比较平，没有什么高低起伏的变化，会让听众感觉平淡无华，听久了甚至会想睡觉。其实，我们在说话时应该像给孩子们讲故事一样，有高低起伏，节奏快慢的变化，这样才能让听众们像听故事一样津津有味。

4.根据场合和场景调整语调。

我们所采用的语调应该贴合自己所处的场合，并且能够清楚地表达自己的思想感情。比如，闲聊时，我们可以采取轻松愉快的语调；而在正式的场合，我们就要采取稳重低沉的语调。当我们表达坚定、果敢、豪迈、愤怒的情绪时，就应该加重语气，提高语调；而表达幸福、温暖、满意、欣慰的情绪时，则应该运用舒缓的语气，让自己的语调变得轻柔些。此外，我们还应该注意，不要发出一些令人不适的语调。比如，有些人说话时带有傲慢、蔑视的语调，这会让听众感觉自己不受尊重，自然也不愿意地听你说话。

无论是发表演说，还是日常沟通，巧妙地调整说话的语调吧，如此一来，你的语言才会具有神奇的力量。

合适的语速是吸引听众的关键要素

我们平时说话，语速有快有慢，并且语速随着情绪的变化而不断地变化。合适的语速可以准确地表达我们的情感，让交谈的对象有兴趣参与到谈话中来，同时还可以营造出适宜的谈话氛围，从而使得交谈顺利地进行下去。

当然，不同的语速也能营造出不同的氛围。比如，快节奏的话可以营造出紧张的氛围，让对方的内心产生一种紧张感和激动感，还可以轻易地调动对方的情绪；而慢节奏的话则会营造出一种庄重、严肃的氛围。

在现实生活中，人们也总是想办法调整自己的语速，来营造出自己想要的氛围，达到自己想要达到的目的。

电视购物节目中，两个主持人正在介绍一种产品的优势和独特之处，语速非常快。等到谈及价格的时候，主持人的语速更快了。这样做的目的就是营造出一种紧张的氛围，让电视前的观众被他们的情绪所感染，快速决定买下他们的产品。如果他们说话的语速过慢，就无法营造出紧张的氛围，也无法让观众激动的情绪不断上升。同时，每个观众在更换频道的时候，在每个频道停留的时间都是非常短的，或许只有十几秒甚至几秒的时间，所以主持人必须在最短的时间内让观众了解产品的基本信息和价格，激起观众的购买欲。

快节奏的说话速度不仅有利于营造紧张的氛围，感染对方的情绪，还有利于让自己抢占主动地位，给对方施加无形的压力。比如，在辩论赛上，当辩手反驳对方的观点时，就会加快自己的陈述语速，并且加重自己的语气，以便在气势上压倒对方，给对方施加心理上的压力。

当然，在不同的谈话场景中，我们需要变换不同的语速，有些场合就不适合用过快的语速。比如，商务谈判的过程中，我们在陈述自己观点的时候，就不能语速过快，否则就会使得对方无法听清我们所要表达的东西。而且如果一方犹如机关枪一般说起来不停，会引起对方的反感和烦躁，以至于不想继续交谈下去。

也就是说，在与客户进行商务谈判时，我们最好不要用太快的语速，只要比平时的语速快一点就好了。这样不仅可以清晰地阐明自己的观点，还可以营造出一种适度的紧张感。

由此可见，不同的语速可以表现不同的情感，也可以营造出不同的谈话氛围。而同样的语速，在不同的场合中，有时会比较适用，能达到很好的效果；而有时则会起到相反的作用，带来不良的影响。

合适的语速还可以增加我们的声音魅力，一旦我们能掌控好自己说话的语速，就可以轻松地和不同性格的人交谈，赢得他们的好感和信任。

以下是关于语速的注意事项，希望能对你有所帮助。

1.根据演说的内容决定语速。

如果你准备讲述热情、紧迫、鼓舞、兴奋之类的内容，或情不自禁地表达某种诉求，那么语速就不能慢慢腾腾，而是要快一些。如果你准备讲述肃穆、悲恸、庄严、劝慰之类的内容，或需要听众特别注意的事情，或涉及人名、地名、数据等，或容易引起听众好奇的内容，就要适当放慢语速，以便听众能够听清、记忆和思考。

2.根据现场的情况决定语速。

如果你在容积较大、听众较多的地方发表演说，就要适当放慢语速。如果你在容积较小、听众较少的地方发表演说，可以适当加快语速。

3.根据听众对象及其表现决定语速。

如果你的听众多为年轻人，由于他们活力十足、反应灵敏、情绪旺盛，你就可以加快语速；如果你的听众多为老年人，由于他们听力有所下降，反应有所缓慢，你就要尽量放慢语速。

掌握说话快慢的艺术，力求做到语速的精确合理。如此一来，你不仅可以清楚地表达出自己的思想，还能成为具有声音魅力的人。

得体的仪表是演说者的加分项

无论是声音、举止还是仪表，都会影响初次见面时我们留在听众心目中的印象。其实，声音和举止较容易把控，毕竟任何演说者都不会忽略对口头语言和肢体语言的锤炼，反倒是占比最高的仪表，更容易成为演说失分的地方。

即便走在大街上，奇装异服也难免遭受非议。如果在十几人、几十人甚至几百人的注视下，我们不修边幅地走上演说台，那结果会怎么样就可想而知了。其实，几乎所有演说者都不会犯这样的错误，因为谁都知道仪表的重要性。

但是，对于任何一位想获得更高印象分的演说者来说，只注重仪表的修饰还远远不够，我们要一丝不苟，从头到脚地“武装”自己。这听起来不可思议，但很多时候，正是那些被我们忽略的细节，拉低了我们的印象分。

一天，有个销售碳素笔的年轻人走进了某家公司的办公室，他边走边向对方介绍他的笔。笔的款式和质量的确不错，办公室里的两个负责人也很专注地听他的精彩讲解。对于优秀销售人员的现场销售演说，大家都点头表示认可。但是，很快就出现问题了。办公室的一位负责人发现，这位销售员肩膀上落满了头皮屑。其实，这根本算不上什么大问题。但不巧的是，这位负责人恰好有些洁癖，她怕头皮屑飘到自己身上，便立即打断了销售员的讲解，并将他请出了办公室。

细节决定成败，对于演说来说也是如此。这个年轻的销售员绝对想不到，小小的头皮屑会让他失去这次机会。或许，他的推销能力很强，演说能力也很出色，可又能怎么样呢？其实就算那位办公室负责人没有洁癖，但在看到头皮屑这个小瑕疵之后，也会大大降低对销售员的好感。很多时候，仪表细节如同鞋里的沙子，会在不知不觉中阻碍我们达成目的。

相反，那些对仪表非常重视的人，通常能留下好印象，并且快速实现自己的目标。在这一点上，商人盖德就做得非常成功。

早年时候，盖德还是一个一无所有的创业者。在意识到仪表对人际交往的重要性后，他做了一个大胆的决定。

第二天早上，他首先去拜访裁缝，靠着往日的信用，定做了两套昂贵的衣服，欠下了300美元。然后，他又用同样的方法，买下了一件最好的衬衣及一条领带，还买了一双漂亮的皮鞋。最后，他又到理发店做了一次彻底的“大扫除”。等一切都准备就绪后，他的口袋里仅有不到一美元的零钱了，而且债务已经达到七百美元。

之后，他去了经常去的一家咖啡馆，同某位富裕的出版商“邂逅”了。当然，所谓的“邂逅”，是盖德通过观察有意创造的机会，他想接近这位出版商。

很显然，盖德的计划成功了。在他精心策划的会面进行了几次后，出版商主动与他打招呼：“嗨，朋友，你看起来过得相当不错！”接着，因为盖德看起来成就斐然，出版商便想知道盖德从事什么行业。盖德在第一次“邂逅”时就给出版商留下了很深的印象，当然也引发了其强烈的好奇心。而这些，正是盖德所希望的。

于是，盖德很轻松地告诉出版商，他正在策划一本新书，打算在近期出版。他毫不费力地在出版商面前将自己的出版计划讲了出来。因为对盖德很有好感，出版商便邀请他到自己的俱乐部共进晚餐。双方就此达成合作，盖德甚至得到了出版商提供的一笔不菲的稿酬预付金。

我们离成功还有多远？盖德给出了答案：无论离成功还有

多远，至少不俗的仪表能拉近我们与成功之间的距离。当然，盖德的成功，除了那身行头外，还有更多的东西，比如头脑、气质、眼光、计划等。但不可否认，他那精致的、极易让人产生好印象的形象，是成功不可缺少的一环。试想，假如没有从头到脚的包装，一个看起来寒酸落魄的人，出版商可能对他产生好感和兴趣吗？而倘若这关键一步没有实现，那么盖德就算有再好的计划，恐怕也无法实施。

因此，每个演说者都应该把形象，尤其是与听众初次见面时的形象，放在第一位。我们要慎重对待与听众的每次见面，养成塑造良好个人形象的好习惯。其实，把自己最好的一面呈现出来，不仅是为了在听众心中留下好印象，同时也是对他们的尊重。我们尊重他们，他们才会认可我们，不是吗？

那么，我们整理自己的仪表，应该注意什么呢？

1.男性演说者在仪表上的注意事项。

头发要整齐有型，不要留怪异的发型，否则会让听众觉得不靠谱；胡子要刮得干净，年轻人如果留胡子会给人不修边幅的感觉；指甲不能留长，因为这一方面不卫生，另一方面会引起一些听众的反感；文身也最好不要有，如果已经有了，可以用衣服遮住；西装、领带当然是必需的，因为这体现了基本的职业素养；穿西装的时候，一定要配上皮鞋，而且鞋面一定要擦干净，这会让人觉得很有精神；在演说台上时，一定要充满激情。

2.女性演说者在仪表上的注意事项。

头发要干净光滑，体现出女性的魅力；最好化个淡妆，清新脱俗容易让人产生好感，而太浓的妆可能会让听众心生反感；尽量也不要留长指甲；可以佩戴一些比较精致的项链和耳坠，但不宜过大过粗；可以穿西装套裙，这会让演说者显得落落大方；在演说台上最好是穿高跟鞋，这会显得更有职业素养；精神面貌要饱满并且充满激情。

好形象是成功的一半。当我们能在演说台上做到这些，那么就离演说成功又近了一步。

修炼内在气质，让演说更具气场

不难发现，那些身材好、容貌佳、体魄强的演说者更容易博得听众的好感。这些光彩照人的因素，能为演说者带来极为有利的条件。可是，并不是每个演说者都具备这些条件的，那些容貌欠佳，甚至有某些生理缺陷的演说者，该如何面对听众呢？

答案是，用气质弥补自己的缺陷，以气场征服听众。

通俗地说，气质是一个人的一种人格魅力，一种内在魅力的升华。品德、修养、举止等所表现出来的高雅、高洁、温和、豪放等，都是人的气质。

人无完人，很多想成为或已成为演说者的人，身上都有着这样那样的不足和缺陷。但是，这些并不是阻碍演说成功的理由。

而那些被缺陷限制，却又不勇于突破的人，无一例外都折在了通往成功的路上。

大学毕业后，周倩如愿进入一家贸易公司工作。可三年过去了，她还是在原来的职位上，工作没有任何起色。朋友为她抱不平："为什么和你同期进公司的其他人，最差也成了项目经理，而只有你仍在原地踏步？你的能力也不比他们差呀！"

周倩苦笑着说："因为我的手会抖啊！"

原来，在贸易公司上班，需要经常主持一些客户见面会。而周倩在这项工作上遇到了重大难关——因为胆小，从上学开始，她当众讲话时会大喘气，手也抖得厉害。虽然试过很多方法，但都无济于事。因为这个缺陷，她在讲台上没少受挫折。久而久之，她就再也不敢登台演说了。也正是因为这个原因，她失去了好几次晋升的机会。

看得出来，周倩登台大喘气、手抖的缺陷，是由于紧张。严格来说，这其实算不上什么大毛病，甚至不能算是缺陷。因为，无论是谁，刚开始登台面对听众时，多少都会有些紧张。世界上那些著名的演说家、歌唱家，都有过怯场的经历。一旦你走上讲台成为焦点，就会引发各种紧张反应，比如手抖、声音颤抖、说话结巴等。世界著名男高音多明戈，甚至会因为紧张而发挥失常，最高的纪录是在一场表演中破音五次，更何况我们这些普通人呢。

所以，这是一种难以避免的普遍现象。

但是，这种普遍现象绝非无法克服。试想：如果我们准备周全，心态良好，平时多练习，多给自己登台的机会，不去在意那些异样的眼光，那么我们还会紧张和担心吗？这样做我们能够克服大喘气和手抖的毛病吗？当然可以！

对于一个演说者或者想成为演说者的人来说，真的不需要过多在意自己的缺陷。那些看起来似乎会成为演说障碍的因素，在很多时候，其实并不能成为障碍。关键在于我们是否有一颗强大的心，是否能用优雅的气质去弥补自身的不足，去获得听众的认可。

当知识、胸襟、气魄和技巧等经过沉淀，让你散发迷人的气质时，等你站在演说台上，就会所向披靡。这时，又有谁会去关注你身上的缺陷呢？就算有人注意，他们也会由衷赞叹：“有缺陷还能如此出色，真了不起！”

因此，作为一个演说者，我们要学会用好气质为自己的演说加分。

问题又来了：气质是一个人内在的人格魅力和修养的外在体现，它不能像着装打扮那样可以很快改变，那么演说者该如何去提升气质呢？我们知道，穿着得体和说话有分寸可以在一定程度上提升气质，但这只是一部分，还需要从哪些方面提升个人气质呢?

人的气质，一般可以分为四种类型，即兴奋型、活泼型、安静型和抑制型。在演说台上，因为场合特殊，所以那些有着热情直率、精力旺盛、成熟稳重等气场的演说者会比那些反应迟缓、沉默寡言、肢体僵硬的演说者更容易打动听众的心。

在这里，我们将从多个角度介绍提升气质的途径与方法。

1.创造机会。

气质不是学来的，而是培养出来的。所以作为演说者，你需要多为自己创造培养气质的机会，比如，锻炼身体或学习说话的技巧，这些都有助于个人气质的提升。

2.结交朋友。

所谓“近朱者赤，近墨者黑”，是非常有道理的。你可以多交一些气质好的朋友，平时多跟他们交流。这样，你就能在潜移默化中变得更有气质。

3.看书思考。

气质的改变，是一个长期的过程，所以抽空多读读书。古人说“腹有诗书气自华”，说的就是读书能令人气质高雅。作为一个演说者，不一定非得读诗词歌赋，但一定要多读有内涵的书，慢慢积累，气质就会越来越好。

4.培养自信。

自信的人会更加美丽。萧伯纳说："有自信的人，可以化渺小为伟大，化平庸为神奇。"自信能给人一种"我能行"的感觉，并让人产生信赖感和信任感。作为一名演说者，你必须让自己的自信心充足。如果你都不相信自己，又如何让听众信任你呢?

5.胸襟宽阔。

正所谓"君子坦荡荡，小人长戚戚"，有容人之量的人很容易显示出自己的独特气质。在生活中，你要学会做一个胸襟宽阔的人。一个胸襟宽阔的人，他的言谈举止能让人感受到过人的气量，这也是听众喜欢的气质。

6.真诚谦虚。

这不仅是性格上的一种特质，也能彰显一个人的精神境界和胸襟气量。经过沉淀，这种特质会升华成让人信赖的气质。对于演说者而言，这种气质尤为重要。因为，听众更乐意倾听一个真诚、谦虚的人的演说。所以，演说者要注重自身性格的培养，让自己能真诚、谦虚地面对听众。

7.积极乐观。

无论是在演说台上，还是在演说台下，你都要做一个积极乐观的人。积极乐观的性格会让靠近你的人也变得积极乐观起来，听众很容易捕捉到这种气质。所以，请保持积极乐观的心态，就算在演说台上遇到突发事件，也要积极乐观地面对。

气质的提升并非一朝一夕就可以实现的。但在这里，我们还是要尽可能多地罗列出提升方法，目的就是让演说者们把修炼气质当成一门日常功课。多读书、多学习、多积累沉淀，心胸豁达，积极乐观，一点一滴地培养自己的气质。很多时候，气质带来的信赖感，会成为我们演说成功的砝码。

演说台上的你，有让人信赖的气质吗？

面对一张冷脸，没谁愿意跟你热情互动

你有什么样的态度，就会说什么样的话。当你期待一个温暖和谐的世界时，首先要保证自己内心的温暖和谐；当你期待他人善意的微笑时，首先要让内心的善良和笑意充满自己的眼睛。还记得寓言故事中那个对着空谷喊话的孩子吗？你礼貌相待，空谷里的回声便同样礼貌地向你问候致意；你恶语相向，空谷里的回声也会用最尖刻伤人的语言报复你。

你热情，世界才会报以热情；你给他人带来幸福快乐，他人才有可能用善意的支持和无私的帮助来回应你。

初夏时节，王倩换了份新工作，为了上下班方便，她搬进了距公司不远的一个豪华国际公寓。这个住处租金高，但环境很好，不像她原来租住的旧小区，楼下过道旁边都是居民们私搭乱建的违章建筑，地砖都碎了，路面也不平，七扭八歪地停

上几辆汽车，小区院子就满了。

这个国际公寓楼下的院子虽然不大，但种了很多大树，还有草坪花园、喷泉水池、亭台楼阁，彰显着优雅高贵的格调，让王倩十分喜欢。唯一美中不足的，就是这个高档小区的住户关系不像原来那个小区那么融洽，好像邻里之间一点儿也不热情，不知是不是王倩的错觉，感觉住户都挺冷淡的，不爱理人。

王倩在这里住了一个多月，她跟邻居碰过几次面，却连个正式的招呼也没打过。

时间就这样一天天过去，王倩逐渐融入了新公司，也习惯了自己的新家，就是跟邻里之间的关系还是冷冷的，让她心里不太舒服。

一天早晨，王倩恰好跟邻居老夫妇一起出门，她莫名地有点紧张，那老爷子看上去面目和善，有点像之前她租住的那个小区的陈大爷。要说陈大爷可是远近有名的热心肠，冬天包了大白菜饺子还会敲开她和舍友的家门给送上一碗来。但是这位“某大爷”不仅不理人，连看都不看她一眼，闷头锁了门就走了，等电梯时又碰了面，还是各自低头，王倩觉得尴尬，只得拿起手机随意浏览着微博。

到了公司，王倩对同事张姐吐槽早晨的尴尬遭遇，她有些自嘲又有些讽刺地说：“我现在租住的这个国际公寓房价有多贵，我又不是不知道，买得起、住得起的都是有钱人，他们才不屑跟我这样的小租户打招呼呢。要说这个国际公寓确实不错，就是没有人情味儿，人跟人之间那么冷漠，哎哟，住得我都压抑死了，那帮邻居真是不好相处。”

张姐听她这么说，笑着给她出主意：“你要不试试主动跟邻居打个招呼？咱们倩倩气质冷艳高贵的，人家没准儿只是不好意思先跟你说话呢。”

王倩嘴上说“张姐你净拿我开玩笑”，心里却有了想法，她回忆起来自己确实没主动对新邻居们示好过。与其每天感觉尴尬、心情压抑，不如试试“主动出击”，也许一切就会有改善呢？

第二天一大早，王倩屏住气盯着自家门上的“猫眼”，看见邻居开了门，赶紧也开门出去，装作偶然遇到，但这次她没有低头摆弄手机，也没有匆匆避开视线，而是咧开嘴笑着对邻居老夫妇说了声：“大爷、大妈您二位早！我是新搬来的，我叫王倩！”

让她意想不到的事情就这样顺理成章地发生了——邻居也十分友善地对她笑，从门口到电梯里一路闲聊，还邀请她没事到家里来坐坐。王倩像中了大奖一样欢欣鼓舞，下了电梯与两位老人分开，她眉开眼笑地往公司走，一路上看见小区里的邻居、保安、保洁工，都大大方方地说一句“您早”。大家也都报以微笑，一个坐在儿童车里的小朋友还朝着她拍手，咯咯地笑，这让王倩开心极了，整个人也都精神多了。

到了公司，王倩忙不迭地对张姐描述了早晨的经历，张姐说：“你看，之前都是你自己瞎想了吧？人跟人的关系就像一面镜子，也像山谷回声，你以无声对待他人，他人便还给你冷漠寂静；你以热情对待世界，世界会还给你更多热情。不仅是对新小区的邻居们，以后你对其他人也试试，这个复制快乐的秘籍可灵了。”

可能是传统文化中内敛、羞涩的部分在作怪，主动对陌生人微笑的小举动在我们看来很难很难，像王倩这样苦于人际关系冷漠又不敢先表达友善的人，可能在心里百转千回地琢磨着——突然向人家示好，会不会太唐突了？会不会被当成“神经病”？会不会被理解为有什么不良企图？会不会遭遇冷眼……如此纠结，可能幻想过很多次先开口问声好，最后还是默默低着头擦身而过。久而久之，也就习惯了对周遭的人视而不见，陌生的人依旧是陌生的。

勇敢踏出友善热情的第一步吧，你要知道：

1.对别人好，不丢人。

越是强大的人，越不怕主宰自己与他人的关系。

2.在助人为乐中锻炼勇气。

如果想到被拒绝会很尴尬，那就先对处在困境中的人施以援手，只有那样做了之后，你才能明白他们有多需要你的帮助，从中获得的满足感会激励你更进一步。

3.对所遇之人报以微笑。

对还不是很熟络的邻居、同事、快递小哥、保洁人员、餐厅服务员、停车场收费员……点头微笑，赞美这些抬头不见低头见或为你服务的人，哪怕只是一句“您好”。

永远不要把别人的冷漠当成自己缄默的理由，少想那些“别人可能会觉得我……”之类的事情，我们的目标是让自己成为更好、更幸福的人，哪怕再三被他人的冷漠刺痛，只要坚持微笑，总能收获温暖的回应。善意相通时，整个人都像被微风拂过，那种美好的体验会让你感觉一切努力和坚持都是值得的。

演说前冷静 15 分钟，清除负面情绪

谁都知道，演说前的状态应该是充满激情、自信满满的。这样的状态，有利于我们把演说完美地展现出来。尤其是一个充满激情的演说者，更容易在演说时点燃听众的激情，进而引发轰动的演说效应。

但是，很多演说者在登台前，却不是充满激情的，反而有很多负面情绪。

他们忐忑不安，没有安全感，害怕演说不能成功，害怕不能让听众喜欢并满意……有些演说者更糟糕：也许刚和朋友吵了架，正一肚子怨气；也许刚被交警开了罚单，心情糟透了；也许爬楼梯时摔了一跤，心里很是郁闷；也许没遇到什么不好的事，但就是心里不痛快……带着这些负面情绪，他们准备登台演说。

如此，演说效果能好吗？

小刘是某公司的销售经理，她的团队每个月都是公司的销售冠军。但这一次，她却搞砸了。在一次客户见面会上，演说能力一向很强的小刘，在演说的紧要关头，却突然泣不成声。她的反常举动吓坏了同事，演说被迫就此中断，客户们不满地离去，销售计划自然也就落空了。事后大家才知道，小刘的男友刚刚提出分手，她控制不住情绪才突然哭泣。

对于一个演说者来说，情绪控制能力太差，很容易影响到演说效果。我们相信，无论是性格内向还是外向的人，都无法避免害怕、愤怒、烦恼等负面情绪。正如气质是天生的，人的很多情感也是与生俱来的，差别在于是否能及时、有效地控制自己的情绪。如果你即将登台演说，千万不要像小刘那样，而要迅速地清理掉负面情绪，不然肯定会影响到接下来的演说。

有一天，一位印度女主播现场直播一条车祸消息。当摄像机对准伤者时，她忽然发现其中一名伤者正是自己的丈夫。巨大的悲痛情绪瞬间袭来，以至于她在说话时声音都是颤抖的。但是很快，她意识到自己正在做直播，糟糕的直播会影响到观众。于是，她强迫自己冷静下来，认认真真地完成了工作。新闻一结束，她立刻跑向丈夫。

看到丈夫受伤所引发的情绪波动难道不大吗？这位女主播

在发现丈夫受伤后，迅速控制住了自己的情绪，着实让人敬佩。我们其实可以从另外的角度看待这件事：如果这样的事情带来的负面情绪都不能影响直播，还有什么理由能让情绪左右演说呢?

心理分析大师弗洛伊德用水库来比喻人类情绪的处理过程。他认为，每个人的身体里，都有一座情绪水库，负面情绪就存放在情绪水库之中。如果负面情绪水位到达警戒线，个体就会开始出现脾气暴躁、无法控制情绪的情形；如果继续恶化下去，情绪水库就会全面崩溃，其结果就是出现各种心理方面的疾病。

水库理论很形象地说明了一点，我们其实是可以有效控制自己情绪的。演说前的害怕、紧张，我们需要把它们暂时扔进情绪水库里；演说前遇到的糟心事、烦恼事，我们也需要把它们暂时扔进情绪水库里。弗洛伊德说，如果情绪水位到达警戒线，个体就会出现无法适当控制情绪的情形。但绝大多数时候，我们的情绪水位还没有到达所谓的警戒线，不是吗?我们需要做的，仅仅是平静15分钟，清理负面情绪，使自己在演说时保持好的状态。

至于越积越高的情绪水位，留到演说以后再慢慢解决吧!现在，我们要试着用以下几种方法，将登台前的负面情绪扔进情绪水库里。

1.深呼吸，保持头脑清醒。

登台前15分钟，我们开始平复自己的情绪。我们要告诉自己，人生不如意事十之八九，遇到不开心的事在所难免，所以不需要跟自己过不去。可以尝试着深呼吸几次，慢慢让自己躁动的心平静下来。其实回忆一下演说内容来忘记不快是个不错的选择。

2.理性思考，自我释放。

遇到不顺心的事，我们要学会理性思考。生气有用吗？难过有用吗？理性地将整件事情的脉络理清楚，我们就会发现，事情也许并没有自己想的那么糟糕。很多时候，其实是我们自己太情绪化了。就算有些许小情绪，也要尽量压下来。

3.学会忘记，暂且放下。

如果实在想不通，那就干脆别再想了，把不愉快的事暂且忘记。我们可以在心里默念几遍：马上开始演说了，大事为重。然后，把所有的心思都放在演说上，其他的先不去考虑。

4.客观看待，多想演说。

有些事既然已经发生，无论我们再怎么计较和耿耿于怀，也是改变不了的。对于这些事，我们要抱着淡然的心态。还是那句话：我们要尽量把注意力放在演说上，尽量在15分钟内让自己回归平静。

其实，登台演说前，清理负面情绪的方法还有很多。比如，有些人习惯喝些咖啡，让咖啡的苦味帮助自己保持清醒；有些人习惯吃些东西，觉得美食能够带来好心情；还有些人习惯找朋友聊聊天，以此来舒缓心中的不快。无论什么样的方法，能让自己暂时放下负面情绪的都是好方法。演说台的方寸之地，是一个没有硝烟的战场。在这个战场上，我们必须保持最佳状态，才能取得最终胜利。而负面情绪，则是我们取得胜利的最大障碍。

演说前的15分钟，这段时间你用来清理负面情绪了吗？每一个演说者，都需要成为情绪的主人，而不是成为情绪的奴隶。

你注意过优秀演说者的走路姿势吗

如果你看到一位男子迈着杰森·斯坦森式的步伐走进一家酒吧，心里会做出怎样的判断？就算你根本不认识那名男子，你也会认为，那个人肯定是个信心十足的硬汉。为什么会做出这样的判断？因为，你看到了他走路的姿势。

美国的心理学家曾做过一项研究，结果显示：生活中绝大多数人都喜欢根据别人走路的姿势来对其性格做出判断，当然，非常熟悉的朋友除外。确实如此，当两个陌生人相遇时，彼此间的印象不仅来自仪表、声音，还有行为举止，而走路的姿势正是举止中一项重要的内容。人们习惯根据走路姿势，来对一个陌生人的性格做出评判。

比如，走起路来沉稳有力，那么这个人肯定性格果敢，做事雷厉风行；走起路来轻浮无力，说明这个人性格软弱，难成大事……这些判断未必完全正确，但人们喜欢根据走路姿势，再加上自己的想象，对陌生人做出基本判断。而且，这些判断是有一定道理的。

1935年，德国心理学家沃纳·沃尔夫发表了一篇关于走路姿势和心态方面研究的文章。在文章中，他阐述了一项实验：

在五名男子和三名女子毫不知情的情况下，他拍摄了他们身穿工装参与一项任务的视频。之后，他将隐去头部的剪辑版视频交给这些参与者看，并请他们根据各自的走路姿势，对他人性格做出解读。结果，参与者们很容易根据走路姿势，对其他人的性格做出判断，而且他们的判断非常相似，判断的结果也很准确。

这也就是说，通过走路姿势，我们可以对一个人的性格做出基本判断。

那么，作为演说者，我们有注意过自己的走路姿势吗？我们有没有想过，从走进会场的那刻起，我们走路的姿势已经进入了听众的视野，而他们会以此对我们做出基本判断。如此，我们在听众面前应该展现什么样的走路姿势？

其实这些问题，从一些成功者的身上就可以找到答案。

任何成功者，他们的走路姿势都透露着沉稳自信和强大气场，因为走路姿势在一定程度上反映了人的内心世界。那些步履蹒跚、走路虚浮无力的人，事业往往并不如意。对于演说者来说，为使听众产生信赖感，我们需要拿出能让他们信赖的证据。而他们根据走路姿势做出的对我们的基本判断，其实就是最好的证据。

当我们龙行虎步、沉稳自信地走进会场，走上演说台时，听众会想：这个人自信强大，一定有很强的能力。而当我们脚步虚浮、左摇右摆地走进会场，走上演说台时，听众就会想：这个人一点儿自信都没有，还给我们讲什么呀？

哪种效果更好？其实已经很明显了。

所以，对于演说者来说，像成功人士那样走出强大、自信的步伐，是让听众喜欢和信赖的重要一环。听众喜欢从自己的判断中认识我们，那么我们就必须摆出最好的姿态，迎接他们的审视和判断，这其实并不难。

那么，成功人士的走路姿势具体是什么样子呢？有什么值得我们借鉴的地方呢？

1.步伐平稳。

一般来说，听众喜欢步伐平稳的人，因为这种走路姿势能显出一个人务实、精明稳健、重信守诺的性格。当然了，有这种性格的人，也是可以信赖的人。很多成功人士走路都是平稳自信，并且气场强大的。

2.昂首阔步。

走路时昂首挺胸的人，一般自我意识比较强，思维敏捷，做事有条理，自始至终都能保持完美的形象。听众看到这种步伐，第一印象就是这个人很有气场，大有来头。

3.步伐急促。

我们经常会看到有些演说者步履匆匆地走上演说台。无论是否有急事，他们都会快速上前，认真处理。这类人办事有效率，遇事不推卸责任，精力充沛，能面对各种挑战。这种性格也是听众喜欢的性格。

其实，成功人士走路的姿势还有很多种：随意型，能显示出豁达、不拘小节的性格；斯文型，能显示出较高的修养和涵养。这些性格，都能让听众喜欢并接纳。

但是，也有很多种走路姿势，是听众所不喜欢的。也许在不经意间，听众就能根据你的走路姿势，认定你是一个不靠谱的人。都有哪些听众不喜欢的走路姿势呢?

比如，踌躇型，这类人走路时步速缓慢，踌躇不前，好像前面有陷阱一般，让人看着都着急；混乱型，走路时双手双足挥动不均，一般来说，这类人善忘多疑，不负责任；观望型，这类人走路时左顾右盼，躲躲闪闪，仿佛做了亏心事，初次登台的演说者极易出现这种走路姿势，这会让听众一眼就看出演说者心虚；作态型，走路如随风左摇右摆的杨柳，这类人好装腔作势，实则并没有什么真实本领。

作为演说者，你的走路姿势是哪种呢？一个演说者要想获得更多的理解和支持，更多的掌声，那么就要努力走出自信，走出气势。要知道，能让听众喜欢的走路姿势，可以为我们的演说加分不少。

当然了，走路姿势非一朝一夕可以练就。我们平时可以多看看那些成功者，看他们是如何依靠走路姿势获得听众的喜爱的。如此，训练出受听众喜爱的走路姿势，也就不会太困难了。

表情和眼神到位，听众才会更加专心

表情，是我们日常生活中传递感情的一种方式。很多时候，表情比外表更能体现我们的情绪。你愤怒的时候，就会怒目圆睁，怒发冲冠；你开心的时候，就会眉开眼笑。这些表情，都是你心情最直观的表现。

很多人不喜欢别人看见自己的表情，认为自己的表情会泄露自己的情绪，是一件非常危险的事情，所以讲究喜怒不形于色。做演说就不一样了，我们不仅要喜怒“形于色”，还要让人一眼就能够看出来。

任何成功人士，不管他们平时是不是喜怒不形于色，但是在谈判桌上，在演说台上，他们一定是表情丰富的。虽然这些表情未必代表他们的真实情绪，但能够很好地传递他们的感情。

某位商业人士经常在各种场合做演说，他的演说总是能够让人印象深刻，这绝不仅仅是因为他的演说总是伴随着重大事件。

他在演说时表情是非常丰富的，并且还一直刻意将自己的表情夸张化，做出很多在生活里根本就不会出现的表情。

但是，正是因为他将自己的表情夸张化了，才能更好地将自己当时的感受传递给在场的每个人。不管是兴奋、快乐还是激动、热情，都能够在第一时间传递给现场的听众。

表情在演说当中是非常重要的，这不仅因为它是一种技巧，更因为它是我们人类的本能。

人们在表达自己情绪的时候，情不自禁地使用表情是一种本能，而根据表情来判断对方的情绪同样是一种本能。当两种本能融合的时候，表情也就真正成了传递感情的工具。你用表情所表达出的情绪，更容易被人们接收，更容易被人们记住。所以，在演说的时候，你的表情能够直接传递出你的情绪。

表情不仅可以作为传递感情的工具，还能够作为演说的补充。演说与其他讲话的根本区别就在于现场的表现。一场好的演说，单单靠语言是不够的。我们在演说的时候，要活用自己的表情，甚至可以用表情来填充一定的语言空白。例如，当你说起一件开心的事情时，先停止说话，用自己的表情告诉现场的所有听众：我现在是开心的。瞬间就能够将自己的情绪传递给现场的听众，为你接下来要讲的内容做好氛围铺垫。这种使用方式并不能证明表情是不可或缺的，但是活用这种方式能够让我们的演说令人印象深刻。

表情不仅是表达情绪的最佳方式，还是演说中不可缺少的重要内容。

我们在演说的时候，总是会提到各种各样的故事和例子。这些内容或许是我们的亲身经历，或许是我们从别处听来的，但不管是哪一种，都必须在讲述的过程中加入恰当的表情。面无表情地去讲述一个精彩的故事，会给听众留下呆板的印象。面无表情地讲述亲身经历的故事会让你的故事变得毫无说服力。不管记忆多么遥远，面无表情地讲述一件发生在自己身上的事情是非常奇怪的。

很多演说者的表情表现得并不出色，这不仅是因为缺少真情实感，更是因为只做了面部表情，而没有重视眼神，所以给人的感觉就会格外僵硬。人的感觉是非常敏锐的，即便你脸上挂满笑容，但如果你的眼神中不含笑意，别人就会察觉到。所以，我们在演说的时候，不仅要注意表情，更要注意眼神。

很多人在刚开始演说的时候是不敢与台下的听众对视的，因为这会使自己更加紧张。实际上，和听众对视这件事情是必须做的，但是想要做好却非常困难。

在进行眼神交流的时候，绝不能只看少数的听众，要用自己的眼神和大多数听众交流。我们不可能面面俱到，只能将眼神固定在某几个区域，依靠我们眼神中的坚定和诚恳，来让所有的听众都认为和我们进行过眼神交流。

眼神的交流也不可以漫无目的，任何时候进行眼神交流，都要做到有的放矢。或许是演说当中有非常重要的内容，或许是有一个情感爆发点，或许是在开始的时候想要吸引听众的注意力，或许是在演说结束的时候要给听众留下一个良好的印象……和听众进行眼神交流的原因有很多，但不能无缘无故地和听众进行眼神交流，特别是眼神交流的时候缺少固定对象，漫无目的地乱看。这样只能让听众觉得你要的不是交流，只不过是一种形式主义而已。如果听众这样想，那么在这场演说剩下的时间里，对方就不会再注意你的眼神了。

表情和眼神是我们演说中重要的组成部分，这里有两点建议：

1.尽量运用积极的表情。

除非你准备谈论伤心或痛苦的事情，不然，在你发表演说之前，要尽量多想想让自己高兴的事情，用积极的表情面对听众。

2.你看哪里，听众就会看哪里。

你的眼神是你存在于会场中的证明。当你进行演说的时候，千万别只顾盯着讲台、墙面或展示屏，这些东西不需要跟你有一种连接的感觉，但听众需要。

注意这两点，并学会合理运用表情和眼神，你就能够更好地表达自己要讲的内容，让演说变得更有吸引力。

说话的首要目标是让对方轻松听懂

说话，本身是一件非常简单的事情。每个健全的人都会说话，这是嘴巴最重要的功能之一。但是，说话如今被人们赋予了越来越重要的含义，说话这件事情中也掺杂了许多目的性，这就让说话这件事情变得复杂了起来。太过复杂的想法，让很多人忘记了说话本来的意义。说话本来的意义是让对方明白你的想法，与对方交换思想、意见，而你首先要做的，是让对方听懂你说的话。

很多时候，说话其实主要是为了让对方更好地了解我们。但是有的人完全不顾对方能否听懂自己所说的话，话里话外添加了很多不必要的内容，这样就失去了交流的意义。

陈祥是一家大型家电商城的销售员。他为了做好自己的工作，翻看了大量资料，成了店里有名的“电器通”。对自己负责销售的每款家电，他都能如数家珍地讲出这款家电使用了什么样的硬件，用了怎样的技术，与同类产品相比有什么优缺点。但令他苦恼的是，他的销售业绩一直不好。为了改变这种情况，他决定向其他业绩较好的同事取取经。一天，他接待了一位女士。这位女士想要给家里更换一台新的电视机，于是就向陈祥咨询自己看中的那款电视机好不好，有没有性价比更高的产品。

陈祥是这样为这位女士介绍的："这位女士，您可真有眼光，您看中的这款电视是当下最流行的智能电视，只要联上家里的Wi-Fi，就能够使用Android（安卓）系统下载大量应用软件，收看您所喜欢的节目。并且，这款电视支持最新的USB传输，以及DLNA（数字生活网络联盟）技术，能够满足您的各种需求。特别是这块屏幕，采用了2048×1080的分辨率，一定能保证您的观看体验。"那位女士听完了陈祥的话后，一脸疑惑地走向了陈祥的一位同事。

面对一款价格、配置都差不多的电视，陈祥的同事是这样为这位女士介绍的："您看中的这款电视是今年的最新款，当下最流行的智能电视，只要联上家里的无线网，想看什么都能看到，和手机差不多是一样的。还可以播放U盘里下载好的影视资源，以及用手机软件投屏，在手机上播放电视剧，点一下'TV'按钮，就能在电视上看了。并且，这款电视的分辨率很高，保证您观看到的画面清晰细致。”听完陈祥同事的话，该女士当即就决定买下电视。

那么，陈祥的问题出在哪里呢？显然不是因为他不够专业，相反，他太过专业了，导致说出的专业词汇对方听不懂。面对这种情况，他说的话越专业，越让消费者产生疑惑。

那么，我们要如何才能让对方听懂我们所表达的意思呢？

1.讲话要有主题。

一般情况下，我们讲话都是有目的性的，漫无目的地讲话，只能让对方一头雾水。如果你要说的内容很多，那么就必须掌握好谈话的节奏，有主题地说出主要内容。比如，将大段话分成几个小段，每个小段围绕一个中心思想阐述，并且中间要有停顿，给对方思考和互动的时间。一旦你掌握了这种谈话的技巧，那么你的长篇大论不仅不会显得无聊，反而会引起对方的兴趣，让对方听得津津有味。

2.在谈话过程中使用的语句要仔细斟酌。

在我们谈论自己所了解的事情时，总是会理所当然地认为对方也了解我们所说的事情，会自然而然地说出很多专业性的名词。事实上，即便是你认为非常基础的东西，对这一方面无丝毫了解的对方也可能听得云里雾里。所以，在谈论一些比较专业的话题时，不妨将一些专业性的词用大家都能懂的词语替换。因为很多时候不需要专业，只需要让对方能够听懂就可以了。就如同陈祥的同事一样，不妨把播放USB设备内的内容改成播放U盘里的内容，这样更贴近生活，也更加容易让对方明白你想要表达的内容。

3.交流方式要因人而异。

虽然有些话并不适合说得过于直白，但是如果你委婉地表达以后，对方仍然不明白，那么不妨说得稍微直接一点儿。如果始终采用非常委婉的方式表达，对方还是不能明白，甚至有时候，对方因为不想让你认为自己听不懂你说的话，开始不懂装懂，那么谈话就失去了意义，双方都不会有任何收获。

说话是一件非常简单的事情，但是想要达成说话的目的却不是一件容易的事情。不管你想要通过说话达成什么样的目的，都要记住：说话的最基本的目标就是让对方听懂。如果对方听不懂你说的话，那么再优美、再专业的表达都毫无意义。

02

掌握聊天界限感

聊天不是辩论，没有输赢之分

场面话和真话，你一定要分清楚

在举行某大型会议或者活动的时候，在场人员不免都会讲一些场面话，来烘托现场的气氛。在聚会当中也是一样，需要与会人员说一些场面话来让气氛热闹起来。

“各位朋友，今天是 × 先生的生日，他是我们公司的核心人物，为我们公司做出的业绩以及无私的奉献大家都是有目共睹的……在此，让我们共同举杯，为庆祝 × 先生的生日而干杯！”

这是生日聚会中最为常见的场面话，当然，互相寒暄是应该的，但不能光说场面话，不然就显得太虚伪了。平时不好说的真话，可以在这时说出来。但你必须分辨出哪些是真话哪些是场面话，这是非常重要的，它关系着你对整个聚会气氛的把控。

大年初一刚过，王艳就收到了大学女室友的聚会邀请。这让她很是高兴，因为她们已经10年没见面了，真不知道大家都过得怎么样。

聚会的饭局是设在一个酒店包厢里面，晚上8点钟左右，同学们陆陆续续地都赶了过来，10年后好友再次见面，大家都事业有成，昔日的同学有的如今成了两口子，让人感慨万千。

饭局刚刚开始，老班长就举起杯子说："各位同学，10年后的相见很是不易，为了我们的友谊天长地久而干杯。"

王艳一听就知道这是饭局开始的场面话，为的就是激发吃饭的气氛，大家随即附和道："干杯！干杯……"

喝完之后，大家开始互相谦让着说："吃！吃这个，这个很好吃。"这时在西安工作的王斌说："嗯，大家多吃点，改天有机会请大家到我家做客啊！"王艳明白这是王斌的一句客气话，大家都在天南海北工作，到西安的他家吃饭肯定是不可能的，但她还是接着说："听说西安的小吃很出名，有机会一定得去一趟。"

王斌高兴地说："欢迎欢迎，希望大家都能够来啊。"

……

就这样，大家边吃边自由地聊着，可能是大家聊得很是尽兴，不一会儿几瓶白酒就让三四个男同学喝完了。这时，在深圳工作的李强突然在同学们面前说："老婆，这些年你嫁给我受苦了，我很多地方都做得不够好，今天我借这个机会，当着所有同学的面，敬你一杯。"说完他端起酒杯一饮而尽，大家这时也开始起哄了，纷纷说李强是真爷们，希望他的老婆接受他的忏悔，他老婆看到李强很是诚信的样子，端起酒杯喝了一口。

对于这个场面，王艳很是感动，她知道李强刚才说的话都是发自肺腑的话，于是在他老婆面前也为李强说了很多好话，讲了一些李强在学校时的先进事迹。

这时，喝得较多的朱辉突然爆出了他和大学某女同学曾经的恋爱关系，对于此事，王艳知道确有存在，但他的老婆此时就坐在一边，显然已经不高兴了。这时大家开始面面相觑，王艳急忙说："你还有脸说啊，看上人家，一句话都不敢说，你那也叫恋爱。"这时清醒的同学纷纷反应了过来，忙说："是啊，你那也叫恋爱，真为我们宿舍丢人。"

朱辉的老婆听到朱辉在大学和喜欢的人一句话也没说，也调侃道："就是，这还好意思说，真丢人。"

就这样，朱辉一句本来能够让老婆大发雷霆的真话，就让王艳顺利地化解了。

同学、朋友聚会，如果大家没有什么利益关系，大多都是有什么说什么，不管是好事还是坏事，在酒过三巡之后都会讲得眉飞色舞，一句真话可以说是用十二分的真诚讲出来的。不过，既然是聚会，那么场面话就是必不可少的了，这是饭局暖场的开始。

故事中，老班长刚开始的祝酒词，就是纯正的场面话，目的是为了提起吃饭喝酒的气氛，显然，这个场面话起到了很好的作用，之后大家开始互相谦让着吃菜，随后在西安工作的王斌也说了一句场面话："改天有机会请大家到我家做客啊！"记住，类似这样的场面话切不可当真，如果有人反问："大家天南海北的，那可能吗？"这样只能破坏饭局的气氛。

随后，几瓶白酒下肚之后，李强向老婆表达自己的肺腑之言，这就是饭局中的真话，对于这样积极的、能够稳定饭局气氛的真话应该给予支持，如王艳的做法就非常好，她这样做给李强及她的老婆留下了良好的印象。当然，有时候也会有一些影响饭局的真话，比如，最后朱辉当着老婆的面爆出自己大学恋爱的事情，如果没有人圆场，朱辉的老婆在气急之下一闹，这场饭局就算是彻底失败了。

因此，我们在聚会中不仅要听懂场面话与真话，还要在听懂之后做出相应正确的反应。

在聚会中，真话、场面话都会在不同的时期出现，而且必不可少。听得懂，利用得好，能够让聚会更加和谐；听不懂，可能无法到达聚会的高潮；听得懂，错误地应对，会出现尴尬的气氛。

1.听懂场面话。

场面话一般出现在聚会饭局的开头，这时，在主持者说完场面话后，不要轻易地插话，而要响应主持者的号召。

2.听懂真话。

真话的出现一般在酒过三巡之后，大家都喝得差不多了，容易放下平时的姿态，讲一些慷慨激昂的话，而这些话当中，有些是由于一时激动讲出来的，而自己很可能办不到，这类话也可视为场面话。有些话是积压在心中许久的，比如对某人的道歉、对某人的不满等，这时，你应在保持清醒的状态下，给予适当的调解。

暖场的场面话，需要积极地配合。客套的场面话不可当真。酒过三巡后的真话应巧妙应对。如此，我们在聚会时才能不伤和气，圆满收场。

别人可以自嘲，但你不能附和

自嘲从某个角度分析，其实是一种幽默的说话方式，是一种生活的态度，是一种调节心理的方法，也是一种人生智慧的表现。生活中，如果缺少了自嘲，会让一个人活得很累。但是，我们面对他人的自嘲时，一定不能妄加评论，不然很容易伤感情。

小雯是一个车模，从业将近一年，在业界没有什么名气，不过事业发展得还算顺利。

有一次，她去参加公司举行的一个小规模饭局。在场的除了一些公司的模特之外，还有他们公司老板及一些行政人员。老板是一个三十多岁的女人，因为长期做这一行，所以对当下的车模很是熟悉。在饭局中，他们谈了一些业务后，话题很快转移到了某知名车模身上。在场的车模有的像小雯一样一直默默无闻，而有的虽然不是那么的知名，但在业绩上也有一定的表现。

大家喝到兴头上，老板自嘲地说道："姐妹们，你们可要努力啊，你看某某模特的老板，天天有人邀约吃大餐，而我运气差啊，只能自己请自己了。"

小雯见老板这么说自己，认为是一种悲观的表现，想安慰一下老板，于是说道："领导，这有什么啊！等我有名气了，肯定让他们排着队来请您。"

此话一出，老板的脸色马上阴沉了下来，饭局顿时安静了许多。

这时，一位在公司较有地位的车模说："领导您真幽默，她们那都是花架子，我们今年的业务量已经远远地超过了她们，论实力，我们公司早就排在了她们前面。"

老板听了这位车模的话，阴沉的脸上露出笑容，举起杯高兴地说："我们的业务量上去了，接下来就看你们的造化了，大家一起加油！"说完，大家一饮而尽。

这次饭局之后，公司模特不断地被派往汽车展销会及展览会现场，不同的是其他模特都被安排到了一些大型的汽车展销活动中，而小雯被安排到了一个4S店举行的自主品牌展销会上。

后来有人向老板问起是否将小雯安排到其他展会上，老板说："小雯这个人太轻浮，还是让她多锻炼锻炼吧。"

我们经常会看到一些自嘲的人，有些明星说："自己名气不够，所以作品少。"有些老板说："没挣多少钱，所以只能随便吃吃了。"如果你把这种自嘲当真了，那只能自取其辱，最后伤害的是自己，如案例中的小雯。从后面那个模特说公司的业务量远远超过了其他公司，公司的业绩在增长，这已经说明老板的运气不差，老板说的那句话的意思一方面可能只是为了激励员工工作要努力，另一方面只是一种自嘲的表现形式。事实并不是她说的那样，她的心里也不承认是这样。

而小雯把老板的这种自嘲当真了，并附和了老板的自嘲，这等于说把老板的地位拉下了一个档次，老板当然不会高兴。

而第二个车模对老板所说的话，则是从公司的业绩上客观分析，判断出老板所讲的内容与实际情况不相符，因此确定是一种幽默式的自嘲，进而说出老板心中想说的话，而得到了老板的好感。

自嘲在平时的谈话中非常多，其实就是为了得到对方的肯定，因此，对待别人的自嘲，我们需要注意以下几点：

1.结合实际情况分析别人的自嘲。

首先分析别人自嘲的内容与其实际情况是否相符，如果大体相符，可客观地用一句话带过，切记不可附和对方的自嘲。

2.适当否定别人的自嘲。

别人的自嘲是一种幽默的生活态度，有时候可能只是提出某种话题的方式，这时给予适当的否定，就会提起对方的兴趣。

3.用自嘲否定别人的自嘲。

这是一种在幽默的基础上再加幽默的讲话方式，可以让气氛更加活跃，比如，你比较熟悉的朋友对你说：“最近运气不佳，生意不好啊！”你可以说：“拉倒吧，你的生意不好，我就该关门了。”

对于别人的自嘲，必要时进行客观分析。任何时候不要附和对方的自嘲。

不聊八卦，是人际交往中的常识

生活中，很多人都喜欢谈论八卦消息，把别人的生活搞得一团糟。而且，他们在搬弄是非、伤害别人的时候，也常常为自己带来口角之争。

八卦消息，就是一些爱搬弄是非的人对别人的事情捕风捉影，并加入自己的主观猜想而形成的小道消息。八卦消息容易对人造成伤害，没有人希望自己陷入八卦消息之中，被别人的猜测和谣言泼一身脏水。可是，人们总是不明白“己所不欲，勿施于人”的道理，不想别人八卦自己的事情，却十分喜欢八卦别人的私事。

丁丁到市医院做护士已经有七年了。她所在的科室是外科，每天来往的人特别多。科室里的护士长是一个自私又喜欢排外的女人，她在科室里有三个好姐妹。她们每天在工作之余都会说一些家长里短的闲话，还常常议论医院里其他科室的人的私事。护士长还把好事都安排给自己或者“自己人”，不给其他人学习和发展的机会。丁丁虽然很气愤，但也无可奈何，只能每天忙自己的事情，不掺乎她们的对话。

当年，茵茵是和丁丁一同来上班的。刚开始，她和丁丁一样讨厌这些人，后来为了融入护士长的阵营，也开始听她们的八卦消息，最后参与其中。为此，茵茵也得到了一些“好处”。

有一次，科室里没什么事，护士长和几个护士又在一起聊八卦消息。正好前些日子医院里的陈医生正在和妻子闹离婚，她们不知怎么听说了这件事，于是开始猜测陈医生离婚的原因。茵茵说，以前她看到陈医生和手下的一个实习医生关系暧昧。丁丁不想再听下去，就自己去查房了。

结果，茵茵正在说闲话时，被传闻中的实习医生听见了。她是一个暴脾气，当即就与茵茵吵了起来，闹得医院里的领导都知道了这件事。一周后，护士长调离，茵茵被辞退，而丁丁则被提升为该科室的护士长。

八卦消息不是一个好东西，它就像瘟疫一样，是会传染的“病毒”。如果我们没有抵抗住“八卦病毒”的入侵，让自己成为这种“病毒”的携带者、传播者，总有一天我们会深受其害。

古语说：“静坐常思己过，闲谈莫论人非。”这句话的意思很直白，就是告诫人们不要在背后议论别人的是非，不要对别人的事情说三道四。可惜，真正能做到的人却寥寥无几，喜欢议论别人是非的人只多不少。

生活中，可以适当聊一些与身边人无关的八卦消息，但是不要聊那些私密又带有人身攻击性质的话题。即使是在聊天，说话时也要三思，仔细想想话应该怎么说。

1.不窥探别人的生活。

学会控制自己的好奇心，过好自己的日子即可。聪明的人不会过多地关注别人的生活，尤其是别人的私生活，而是想办法避开它，尽量让自己的生活清静一些。

2.不听别人的八卦消息。

不要听别人聊八卦消息，更不要主动去打听别人的隐私。如果实在躲不开，听别人说说就算了，不可参与其中，更不可做过多的评论。

3.不说别人的八卦消息。

就算我们真的知道一些私密消息，也应该让它烂在自己的肚子里，而不是让它从自己的嘴里透露出来。

总之，说话之前多问问自己：这件事有必要说出来吗？说出来是否会给别人带来困扰呢？如果觉得可以说了，就应该找个合适的机会用恰当的方式说出来；反之，就应该缄口不言。

你以为的说话直，可能是情商低

说话的方式多种多样：直言快语、含蓄委婉、咄咄逼人等。既然说话的方式如此之多，说话时，就应该适时地改变说话的态度、方法、语气，把话说得像身上的衣服一样种类繁多、色彩鲜艳，为自己的魅力值加分。

但是，生活中有很多人总是说："我这人说话直，你别介意啊。"这就属于不会说话，而且没有认识到自身的根本问题：说话直并不意味着不能好好说话，而是情商比较低，不愿意改变说话方式。

思思的丈夫和芳芳的丈夫在同一家公司上班，又因为两家人住得近，年龄也差不多大，所以有什么活动都是两家一起进行。

有一次，思思和芳芳一起去打保龄球。但是，芳芳是初学者，球艺自然不行。思思出于好心，便当教练教起对方来。思思是个心直口快的女人，喜欢有什么说什么。在教芳芳打球的过程中，如果芳芳的球没打好，她张嘴就说人家“真臭”“你怎么这么笨”之类的话。

这让芳芳非常生气，她说：“你说话可不可以含蓄点？”“什么含蓄，你笨就笨嘛，还不让人说了，真是的！”就这样，两个人弄得十分不愉快。回家后，二人又添油加醋向各自的丈夫抱怨了对方一通，让他们在公司见面时也感到很尴尬。

思思其实并没有恶意，但是因为她不懂得说话，结果是“好心办错事”，让两家也闹得不愉快。如果思思懂得说话的技巧，在教芳芳打球时注意语气和措辞，就不会造成这样的结果了。由此可知，不会说话，对生活和工作的影响有多大。

有时候，语言就是一个人的门面。一个人是否真的有气质，是否真的优雅，并不体现在外表上，而是体现在内在上，而向别人展示你内在的途径之一就是说话。

李先生去沈阳出差，就遇到过这么一件事。李先生下飞机后提着大包小包走出了机场。由于他只顾寻找接他的朋友，东张西望，一不小心撞在了一个行人的身上。那个人长得膀大腰圆，被撞后睁大两眼瞪着李先生，怒气冲冲地吼道：“你干吗？没长眼睛吗？”

听着对方的话，李先生心里很不高兴，刚想“回敬”两句，转念又想，算了算了，他不文明，我不能不礼貌，吵几句又能怎样？搞不好麻烦会更大。想到这，李先生连连道歉，说道：“实在对不起，我着急找人，真不是故意的，请多包涵。”简单的几句话，却说得那个人也没脾气了，只好看了李先生一眼，径直走了。

直言直语不是一把可以披荆斩棘的开山斧。我们可以试想一下，如果当时李先生直言快语，以不敬还不敬，以不礼貌对不礼貌，结局恐怕就是另外的样子了。因此，我们说话时，应该让自己的语言含蓄一些，不要冒犯别人。否则，刺伤别人后，也会害到自己。

言语可以是蜜糖，让人听了心里舒服；言语又能变成一把刀，刺得人心里流血。直言直语的人会让人痛恨不已，甚至心生报复；而说话含蓄的人则会使人心生好感。那么，我们应该怎么说话，才会让别人喜欢我们呢？

1.说话前要三思。

我们不应该以“心直口快”为荣，而应该学会“三思”。说话之前，先问自己三个问题：我这样说好吗？别人听了感觉如何？会对我产生什么样的影响？如果你真正弄明白了这三个问题，就会避免许多无谓的纷争。

2.说话时站在别人的角度思考。

真正懂得体谅别人的人会在说话前就做到换位思考，会以别人的角度来思考问题。这样在说话时自然而然地就会收敛，也可最大可能地避免对别人造成伤害。

3.选择好的表达方式。

比如，一个人运动细胞好，却不适合做精细活，会说话的人就会夸奖对方“体格棒”；一个人腰腹比较胖，但是腿比较细，懂得说话的人就会夸奖对方的腿，而不是揪着对方的“游泳圈”不放。

说话直并不是你不会好好说话的借口，只要注意以上三点，相信你就能跟别人愉快地沟通了。

既插话又抢话，谁还想跟你交流

在人际交往中，我们总是会遇到这样的人：他非常健谈，不管和谁都能畅快地交谈；他口才非常好，谈起什么事情都能头头是道，可就是没人愿意和他多说话。

这种人为了显示自己的无所不知，处处抢别人的话。闲谈也好，讨论问题也罢，别人还没有说完，他就打断别人，急于表达自己的想法。比如，几个朋友正在讨论一件事情，一个人刚说了一个开头，他就不假思索地抢过话头来，然后滔滔不绝地讲个没完，根本不给别人插话的机会；再比如，别人正在说一件有趣的事情，还没有讲完，他就插话说："哎，这有什么好笑的。我遇到的那件事才有意思呢……"以至于让说话的人陷入尴尬的境地。

喜欢插话、抢话的人或许是口才比较好、思维比较灵敏的人，可是他们却不是善于聊天的人，还经常把天聊死。他们总是随意地打断别人的话，不懂得顾及别人的情绪，时常把别人精心准备好的话题突然打断。试问，这样的人又怎么会受人欢迎呢？这样的人又怎么会有人愿意与他沟通和交流呢？

我们要知道，只有好好说话，并且尊重别人，才能形成高效的沟通。如果你以自我为中心，只顾着自己说个痛快，总是随意打断别人的话，那么就非常容易引起别人的反感，让自己成为不被喜欢的人。

菲菲是一个非常健谈的人，不管和谁说话都喜欢掌控话语的主动权。开始的时候，朋友们还不太介意，可慢慢地就不愿意和她聊天了。因为只要有她在，别人永远都没有说话的机会。你刚刚说一句话，她就抢过了话头说个不停。你刚提出了一个观点，她就反驳说：“你说的不对。”然后就开始说自己的想法，也不管别人愿意不愿意听。

比如，朋友们正在谈论一个话题，你一言我一语愉快地聊着，气氛很和谐。可是她一来，就非要打断别人的谈话，把话题拉到自己的身上，然后口若悬河地谈论着她怎样怎样。再比如，朋友刚要讲一件事情，她却不假思索地插话进来，说：“哎，这件事情我知道，它是这样的……”以至于让对方刚刚酝酿好的情绪突然被打断。

有一次，朋友们正在谈论去丽江旅游的事，菲菲听了之后，立即说："我前不久刚去了丽江，你们不知道，那里实在是太漂亮了！"朋友们显然不想听她说话，但还是压抑着不满情绪，想等她说完之后再谈论旅游的事情。可当她们刚要谈论旅游攻略时，菲菲却再次抢过了话头，说："哎呀，你们不要研究什么攻略，我去过那里，你们听我的就好了……"

这时一个朋友实在忍无可忍了，便大声地说："是啊，你什么都知道，你最厉害，行了吧！你能不能别总是抢别人的话，这还让不让别人说话了！"

菲菲还有些摸不着头脑，非常委屈地说："我不是为你们好吗？我谈论自己的经验，难道不是为了帮助你们吗？聊天不就是随意表达自己的看法吗？"

这个朋友说："每次聊天你都随意抢别人的话，然后自己讲个没完，谁都插不上一句话。你是表达自己的看法了，可是别人呢？你以为谁愿意这样聊天？"说完，这个朋友就生气地走了，其他朋友也都离开了。只有菲菲一个人尴尬地站在那里。

随意打断别人说话是一种非常没有礼貌的行为，也是非常令人厌烦的行为。

懂得沟通技巧的人，走到哪里都不容易吃亏，能赢得别人的喜欢，就是因为他们非常善于聊天，能够顾及别人的感受，给别人说话的机会；而不懂得沟通技巧的人，走到哪里都容易吃亏，被别人孤立，因为他们总是爱抢别人的风头，不给别人说话的机会。

为此，我们要注意以下两点。

1.先听后说。

如果我们想要高效地沟通，就应该善于倾听别人的话，避免在别人说话时插话、抢话。就算是我们与别人的观点不同，也不要急着表达自己的观点，更不要抢别人的话。我们应该认真地倾听完别人的观点，然后在适当的时机发表自己的看法。这样一来，才能既表达了自己的观点，又不会引起别人的不快。

2.善于思考，缓慢表达。

喜欢抢话的人经常被诟病说话不经过大脑。而善于思考的人，通常会先打好腹稿，再慢条斯理地表达，也就不会刻意抢别人的话。

逞一时口舌之快只会让他人不愉快

生活中，有很多人为了一时的口舌之快，总是说出一些让自己舒坦却伤害了别人的话，也因此给自己带来了一些不必要的烦恼和困惑，到头来还会感到莫名其妙："我就是随意的一句话，别人为什么那么生气呢？有那么严重吗？"

当然严重！对于别人说的话，无论是曲解还是正解，全都是听者之意。由此，才有哲人指出："人们在说话时应当注意措辞，做到慎言，否则就会让别人误解自己的意思。"

杨寒是办公室新来的职员，除了他之外，别人都是老员工，吃饭、逛街通常是集体出动。为此，杨寒希望自己能够快速融入这个集体中。

刚来的那几天，杨寒并没有主动跟他们说话，只是在听他们说。从他们的谈话中，杨寒知道有个老员工要过生日了，他们最近正在商议着一起去KTV唱歌，询问谁有那家KTV的会员卡。正好杨寒有附近KTV的会员卡，于是在一天中午吃饭时就跟他们说了这件事情。

杨寒说："王哥，听说你们要去××KTV唱歌，我这儿正好有那里的会员卡，可以优惠。"王哥听后很高兴，就去找其他人商量。结果，正好公司里的小张也从朋友那里借来了一张卡，但是由于小张借来的是一般的会员卡，所以杨寒就说："用我的吧。我的卡比较高级，折扣多，能多优惠些。"

其实杨寒并没有挖苦小张的意思，他只是迫切地想融入公司的阵营中。结果小张知道后非常不高兴，认为杨寒是在讽刺他的卡不好，虽然当时表面上没说什么，但是之后一直与杨寒有芥蒂，连带着其他老员工也不太喜欢杨寒。

如果当时杨寒换个说法，可能就不会有后来的问题了，但是由于他一时失言，所以给自己带来了诸多麻烦。

可见，哪怕是无心说错了话，让别人下不了台，也可能会把自己的事情弄得很糟，同时导致人际关系恶化。说者无心，听者有意，如果一个人常常不假思索就说话，便容易因为"嘴伤人"而招致别人的怨恨。

李太太和王太太是楼上楼下的邻居，两家在这座楼里住了有好些年了，但是两人之间的关系一直都比较紧张。其实她们之间并没有什么大不了的矛盾，只不过二人说话都喜欢呛人，非要在口头上占彼此个便宜，不肯让对方半分。

有一次，李太太经常在国外出差的儿子买了一组进口的真皮沙发给她，这让附近的住户们都非常羡慕，纷纷说李太太的儿子懂得孝顺父母，真是不错。为此，那几天李太太很是高兴，每天都容光焕发的。

不巧的是，王太太的儿子不争气，她儿子的工作还是王先生托人给找的，每天能按时上班就不错了，更别提买什么沙发了。因此，那一段时间，王太太从来不参与李太太她们之间的谈话。

结果，有一天王太太路过小区里面的花园，又听到李太太在夸奖她的沙发，实在忍不住，就说了一句："为别人卖命得来的沙发，有什么好炫耀的。"李太太一听就生气了，说王太太："总比有些人儿子不争气，吃不着葡萄说葡萄酸强。"二人顿时吵了起来，以后她们的关系更僵了。

上面故事中的李、王二位太太就是典型的喜欢逞口舌之快的女人，她们以互相打压对方为乐，殊不知这样做却伤害了别人。俗话说"泥人儿还有三分脾气"，何况是有血有肉的人呢？人际交往中的矛盾、误解是在所难免的，遇到这种情况，很多人选择了用言辞去攻击对方，以解心头之恨，殊不知这样却是害人害己。

或许有人会说，逞口舌之快没什么大不了，因为这些人毕竟不是“坏人”，他们只是因为心直口快，说话不讲究措辞和语气，才会在不经意间伤害到别人。其实，心直口快有时不是什么优点，特别是那种不负责任的“找碴儿者”。他们全然不顾自己的德行修为，只因一时口快就恶语伤人，不仅伤人面子，还会破坏朋友、亲人、同事之间的感情，倘若本来就是不太熟悉的人，更会徒增怨恨。

俗话说：“杀敌一千，自损八百。”损人之语，必不利己。逞一时口头之快会给自己树敌，也让自己显得特别没有风度和气质，像“泼妇”一样不招人待见。那么，当人际交往中出现矛盾时，要如何应对，才能做到不损人又不害己呢？

1.转移话题，制造轻松气氛。

在交际场合，如果某个较为严肃、敏感的问题弄得交谈双方对立，甚至阻碍交谈正常进行时，可以避开它，用一些轻松、愉快的话题来活跃气氛，转移双方的注意力，或者通过幽默的话语将严肃的话题淡化，使原来僵持的场面重新活跃起来，从而缓和尴尬的局面。

2.找个借口，给对方台阶下。

有些人之所以在交际活动中陷入窘境，常常是因为他们在特定的场合做出了不合时宜或不合情理的事情。在这种情形下，最行之有效的打圆场的方法，就是找一个借口，以合情合理的解释使对方有台阶下。这样一来，对方的尴尬解除了，正常的人际关系也得以继续下去。

3.善意“曲解”，化干戈为玉帛。

在交际活动中，交际的双方或第三者由于彼此言语之间造成误会，常常会说出一些让别人感到惊讶的话语，做出一些怪异的行为举止，从而导致尴尬或难堪场面的出现。为了缓解这种局面，我们可以采用故意“误会”的办法，装作不明白或故意不理睬他们言语行为的真实含义，而从善意的角度来做出有利于化解尴尬局面的解释，将局面朝有利于缓解的方向引导。

别在聊天中赢了道理，输了感情

很多不会聊天的人都有一个通病——总想在语言上占据上风，让别人认同自己的观点和想法。但事实上，这个世界上的很多事情都不是非此即彼的。每个人都有各自不同的想法，这些想法并不能简单地用对错来评判。

更重要的是，聊天不是辩论，不一定非得争出个对错，判出个输赢。我们和别人聊天，为的是拉近彼此的距离，搭建情谊的桥梁，而不是为了把对方辩驳得哑口无言。口头上的争论也许能让你占得上风，却也可能让你输掉感情。

这里我想讲一个关于富兰克林的故事。富兰克林是大家熟悉的科学家，他年轻时就非常优秀，是同龄人中的佼佼者。

富兰克林年轻时非常正直也非常热血，常常会因为一些事情和别人展开激烈的争论。比如，在聊天时，如果对方提出了某个主张，而富兰克林对此不甚赞同，那么他一定会激动地和对方展开辩论。而几乎每一次，富兰克林都会把对方辩驳得哑口无言，赢得最后的胜利。虽然人们对富兰克林的口才和渊博的知识赞叹不已，但真正喜欢他，愿意和他来往的人却少之又少。

富兰克林一直不明白，为什么自己人缘这样差。直到有一次，一位非常关心富兰克林的朋友开诚布公地劝告他道："富兰克林，有时候你真的太较真了，你总是喜欢咄咄逼人地和别人争论，非得把对方说得哑口无言才罢休。是的，你确实非常聪明，也非常优秀，但并不是所有事情都需要争论出对错胜负的。你这样只会让你的朋友们离你越来越远，毕竟，谁也不喜欢总是被人反驳和教训啊！"

听了这番话之后，富兰克林深受触动，他反省了自己平日里的一言一行，并暗暗告诫自己，一定要改掉这个坏毛病，再也不能为了争强好胜而伤害别人的感情。

在这之后，富兰克林果然有了很大改变，当从别人口中再听到一些他不认可的观点时，他不会再咄咄逼人地争论了，而是先肯定对方的一些想法，再提出自己的想法。令人意外的是，当富兰克林这样做之后，人们反而更容易接受他的意见并且更愿意和他交流，向他请教问题了。

在某些原则性或专业性的问题上，人应该坚持自己的信念和想法。但如果只是一些无关紧要的事，就没必要非得和别人较真。聊天不是辩论，逞口舌之快或许能让你占尽上风，却无法让你赢得他人的友谊与好感。

陈璐有一次在朋友的聚会上认识了高大帅气的李阳，对他颇有好感。

李阳是个自强不息的“高富帅”，不仅家里条件很好，还有一份体面的职业——律师。但奇怪的是，李阳在感情方面一直都不太顺，没有任何一段恋爱关系能维持一年以上，而且听说几乎每次都是女方主动提出分手的。

一开始，陈璐还挺想不通的，像李阳这么优秀的男人，怎么可能遇不到可以一起走下去的人呢？经过几次深入的了解和交流之后，她很快就发现了问题。

陈璐发现，李阳是个特别喜欢和人抬杠的人，就连随意聊天的时候，都不忘记在语言上占上风，彰显自己的“博学”和“有品位”。

就说上次，陈璐和李阳聊天时，说起自己喜欢看韩剧，李阳立刻就开始指出韩剧的诸多问题；陈璐说起自己喜欢看漫画，李阳就开始说看漫画幼稚、不成熟；陈璐说起自己喜欢看爱情喜剧电影，李阳就开始批判说这种类型的电影通常缺乏深度和思想……

聊了几次之后，陈璐默默删掉了李阳的联系方式。她算是明白李阳为什么不能维持一段长久的恋爱关系了……

很多时候，我们和别人聊天，最主要的目的是能够与对方拉近距离，提升彼此的好感度，而不是为了卖弄自己的学识和口才。因此，聊天时需注意以下事项。

1.聊天氛围要和睦。

没有人会喜欢不停地被反驳和批评。如果你喜欢随时随地和人展开辩论，那么请你去参加辩论赛，不要将与人相处变成了竞赛，这样就算你再优秀都不会赢得别人的好感。

2.放下身段，谦虚交谈。

即使你比别人有学问，有地位，也不要摆出高高在上的样子，而要尽量亲和，放低姿态。

聊天不是辩论，如果你总是用争论和反驳的方式去和别人交谈，哪怕你妙语连珠，将对方辩驳得哑口无言，也不会成为真正的胜利者，因为你永远也无法获得对方的好感。

无论什么时候，开口说话之前，都应该好好想一想，你说这些话，究竟是为了赢得道理，还是赢得感情。

好的玩笑能让所有人都觉得有意思

在与人沟通的过程中，适当地幽默一下，可以活跃紧张的气氛，拉近彼此之间的距离。可是，幽默也是有讲究的。你开玩笑，就应该让双方都笑出来，让彼此都感觉轻松。

孟骁是个软件工程师，喜欢研究电脑技术，平日里不太爱说话。按理来说，孟骁这样的性格往往会给人安静、木讷的感觉。但大部分认识孟骁的人提起他的时候，对他的评价却都是："这人挺逗的，别看一副闷葫芦的样子，冷不丁就秒变'金句王'。"

比如，有一次，孟骁被几个朋友拉去一个饭局凑人数。参加饭局的大部分人孟骁都不认识，平时就不怎么爱说话的他那天就更安静了，老老实实地坐在一边听大家聊天。聊着聊着，大家就说起了学生时代的一些趣事。一个女孩提起她中学时候的一个同学，说那个同学特别喜欢捉弄人，常常在班上恶作剧。有一回，他在教室墙壁上画了一条蛇，就在自己的座位旁边。结果女孩儿一大早迷迷糊糊地刚到教室就被那蛇吓了一大跳，尖叫着冲出了教室……说到这里，女孩脸红红地感叹，当时可真是糗大了。

就在大伙纷纷声讨那个不厚道的同学时，一直没说话的孟骁冷不丁冒出了一句："你同学应该再在墙上画一道门，好让你被吓到之后从门里冲出去。"

话一出口，众人停顿了片刻，然后爆发出一阵哄笑。那天饭局结束之后，这个女孩还特意向孟骁的朋友打听了他的情况，觉得他是个特别幽默的人。可实际上，从头到尾，孟骁在饭局上开口说的话不超过十句。

当然，凡事过犹不及，幽默也讲究适度。如果只有你觉得好笑，对方却感到尴尬或是不舒服，那么你的话语就不是高级的幽默，顶多只能算是低级的幽默，是愚蠢的人的自娱自乐。

可是，有些人经常把一些低级的玩笑，或是拿别人开涮当成幽默。这些人完全不顾及别人的感受，以开玩笑为借口，借机对他人冷嘲热讽。结果，他们说出来的话不仅无法让别人发笑，反而招来了别人的反感，让气氛变得越来越尴尬。

李琳和萧萧是同一家公司的同事，也是很不错的朋友，还合租了住处。平时两人的关系非常好，经常一起上班、下班，一起逛街、游玩。

一次，公司组织员工到海边游玩，每个人都非常兴奋，说要痛痛快快地游泳。正当大家谈论海边漫步、看日出、游泳的时候，李琳突然笑着说："萧萧有一个秘密，你们肯定不知道。"

李琳平时就特别幽默，喜欢说一些段子，开一些同事的玩笑。于是，大家都知道她这是要开始活跃气氛了，便都纷纷要她爆料。萧萧觉得李琳肯定会开玩笑说自己身材有些胖、大腿比较粗之类的，便笑着说："什么秘密？你小心说话，不然别怪我不客气。"

谁知李琳竟然说："萧萧的后背上有一块胎记，形状像一只青蛙。等她换上了泳衣后，可就藏不住了。"

萧萧是女孩子，又是在这么多同事面前，顿时感觉颜面全无。她立即红着脸说："你怎么能暴露我的隐私？！"

可李琳却没有意识到自己的话过分了，继续笑着说："你不用遮掩了，我们住在一起，我早就发现了。一块胎记而已，让大家看看它到底像不像青蛙，不是很有意思吗？"

话音刚落，大家都哈哈大笑起来。可是，萧萧却一点都笑不出来，脸色铁青地坐在那里。事后不久，萧萧不仅搬离了和李琳合租的地方，还从公司辞职了。

显然，故事中的李琳是不懂幽默的。她只顾自己开玩笑，却没有顾及萧萧的面子和自尊心，以至于让萧萧觉得自己受到了伤害和侮辱，也因此失去了这段珍贵的友谊。真正懂得幽默的人绝不会像李琳这样，因为他们知道：只顾自己开心却不顾及别人的感受，只是低级的玩笑，根本算不上什么幽默。

李琳没有把握好幽默的尺度，不仅无法达到活跃气氛的效果，反而还让一段原本友好的关系破裂，甚至让对方心生怨恨。

而真正高级的幽默是具有智慧的。它是一种高层次的语言艺术和思维智慧，是以轻松愉快的形式、诙谐幽默的语言来活跃气氛，取悦自己和别人。更重要的是，真正幽默的人是具有人格魅力的。他们绝不会拿别人的缺点来开玩笑，更不会借用幽默的名义来嘲讽他人。

所以，如果我们想要成为高效的沟通者，就应该弄清楚幽默和低级玩笑之间的区别，不要为了取悦自己，而做出伤害别人的事情。在与他人开玩笑的时候，我们要注意几点，以免不小心过界，把玩笑变成了讥讽或嘲笑。

1.玩笑应该是善意的。

善意的玩笑才能让人感到幽默，让人听了之后会心一笑。而那些恶意的玩笑，则是对他人的不尊重，更是没有修养和道德的体现。所以，我们在与他人开玩笑的时候，一定要心存善意，不能透露他人的隐私，更不能诋毁他人。

2.玩笑的内容应该高雅而轻松。

让人会心一笑的玩笑，其内容一定是健康积极、高雅而又轻松的。那种低级下流的玩笑，只会降低一个人的格调和档次，让人感到不舒服。所以，开玩笑的时候，我们一定要注意选择高雅的内容，避免成为一个庸俗、低级的人。

俄罗斯作家赫尔岑曾经说过："笑，绝不是一件滑稽的事。"而英国大文豪莎士比亚也有同样的看法："笑要有智慧，幽默不单是要单纯逗乐，还要排斥庸俗。"

3.把握好彼此的亲疏关系。

很多时候，有人分不清亲疏关系，时常跟并不熟悉的人开玩笑，而且还是那种尺度比较大的玩笑，结果对方不仅觉得不好笑，还被惹恼了。

事实上，玩笑的尺度大小通常是和交情的深浅成正比的。如果是你不熟悉的人，最好不要开玩笑。一旦尺度掌握不好的话，将会对彼此的沟通产生不良的影响。

4.开玩笑也要分性别。

开玩笑也是分性别的，有时同性之间可以接受的玩笑，异性之间就很难接受。尤其是男性在和女性开玩笑的时候，如果掌握不好尺度，就很容易造成误会，导致关系的破裂。

03 高情商表达

谈笑间让别人充分信任你

任何沟通，尊重都要放在第一位

人与人之间最舒适的交往，往往是建立在平等之上的。但现实是两个人的兴趣爱好、性格修养、社会地位往往不一样，这时候人与人之间的交往就要在相互尊重的前提下展开了。

尊重是不分身份与地位的，它体现了一个人最基本的修养。懂得尊重他人就是懂得主动去理解他人的感受，这也是一种高情商的表现。不论你与他人的沟通出于何种目的，尊重对方，都是一个正确的开始。

叶老板本是一家公司的底层管理人员，因为眼光还算不错，抓住商机拉到了投资，一下子扬眉吐气了。他离开了公司，自立门户，从一个默默无闻的底层管理人员摇身一变，成了一个老板。

公司人才济济，大项目一个接一个，一切都顺风顺水，叶老板也很快在业界出了名。可谁也想不到，一年半之后，叶老板却成了人人唯恐避之不及的存在，公司员工的流动性非常高，项目也开始逐渐跟不上了。

叶老板心里郁闷，就找来之前同在原来的公司效力的人事部同事诉苦："你说说，一个个的没什么本事，在这么好的环境里还不好好努力，就想着混日子。现在的年轻人和咱们那个时候没法比，拿着工资在这么气派的办公楼里办公还不懂得知足，一个个就想着算计公司，没有一个真心为公司效力的！"

看着叶老板一脸愤懑的样子，前同事也不好说什么，只是劝他别生气，并对他说，大部分的员工都是拿工资干活的，不能要求所有的员工都和老板一样对公司负责任。为了转移叶老板的注意力，前同事劝他当务之急是多接一些项目，有助于缓解公司的窘境。可没想到一说到客户，叶老板更生气了。

叶老板气冲冲地说："一个个什么都不懂，还在方案里挑来挑去。要是他们是专业的，还要我们做什么？说起他们我就来气，总把我的东西给改得面目全非。你不知道我们这帮自立门户的人的苦啊！原先我在公司上班的时候就羡慕你们人事部，我们业务部成天累死累活的，你们就往办公室里一待，什么压力都没有，多轻松啊！我今天也是不该跟你抱怨，你懂什么，你不会理解的……"

话说到这个份儿上，同事也很难继续安慰他了，摇了摇头说："看来你现在遇到的所有问题其实都是一个问题，那就是你看不起别人。"

意识到自己说话过分了，叶老板赶紧解释："我不是那个意思……"

"不管你是什么意思，听你说话的人感觉到的就是这个意思。你总不能要求所有人都按照你的想法来思考你的话吧。从你刚才所说的话里可以看出，你平时对员工也没有多尊重。你总觉得你的员工没什么本事，那你为什么要聘请人家？客户也是一样，你再专业也是乙方，按照甲方的要求做项目难道不应该吗？不管你是什么意思，你刚刚跟我说的话，让我感受到的就是不尊重。即便是抱怨别人的话，里面有难听的话听着也让人感到不舒服。我看你当务之急是要先改改你看不起人的毛病。"

"酒逢知己千杯少，话不投机半句多。"只要沟通恰当，就能够拉近两个人的距离，无论这两个人有多么不同。想要和一个人顺利沟通，那么就要记住，任何时候，尊重对方都是沟通的开始。真正的尊重，是发自内心地尊重对方，不分职业，不分地位，这才是真正的修养，也才是真正的社交礼仪。

如果再进行细化，那么沟通时的尊重就不仅限于说话的内容了，还包括说话的语气和方式。而判断是否做到了尊重，最简单的检测方法就是换位思考。在讲话之前，先考虑一下对方的感受。不能因为自己是老板，就对员工吆五喝六；不能因为自己是甲方，就对乙方咄咄逼人。员工与老板也好，甲方与乙方也罢，都是一种合作关系，而非从属关系，只有考虑到这些，说出来的话才能够体现出尊重，才能博得对方好感，才好办事。

这里有两个提醒，希望对你有所帮助。

1.只要面对面说话，就要保持平等。

说话者与听众之间是平等的，说的人并不比听的人高一等，这是所有说话者都应该树立的正确观念。

2.听众能感知你的情绪。

别以为听众听不出你的情绪来，你是真诚还是敷衍，对方从你说的第一句话中就能感觉出来。

任何时候，不论面对什么人，请牢记：沟通，从尊重开始；尊重，从语言开始。

氛围好了，沟通就会轻松愉快

在办公室里，有了工作的氛围，员工的工作效率会更高；在会议室里，有了开会的氛围，与会者更愿意积极讨论……同样的，在人际交往中，与别人沟通时也要讲究氛围。氛围好了，彼此的沟通就会轻松愉快，从而更有利于消除双方的戒备心理，促进沟通的顺利进行；而如果氛围不好，那么彼此的沟通就会困难重重，甚至会导致剑拔弩张，让沟通无法进行下去。

事实上，即使你的口才再好，沟通技巧再高明，可是如果没有营造良好的沟通氛围，导致沟通对象存有较强的戒备心，或是抱有抵触情绪，那么，沟通也只能是事倍功半，无法达到高效沟通的目的。

舒畅是一名口才极好的推销员，凭借着良好的口才赢得了很多客户，并且连续几年都是公司的最佳员工。可是，有一次，她却因为自己的一个失误，损失了一大笔生意，还得罪了一个客户。

那一次，她与客户约好在一家茶馆见面，茶馆的地理位置非常好，而且环境非常幽雅，非常适合谈话。刚开始的时候，舒畅和客户谈得非常好，客户对她的产品也非常感兴趣，并且表现出了可以立即签约的意向。

这时，为了表示自己的心意，舒畅给客户点了一壶上好的龙井。结果，服务员在上茶的时候，不小心烫到了舒畅。舒畅立即就表示了自己的不满，还愤怒地找来了茶馆经理，甚至还因此和对方争吵了起来。而这一争吵则把舒畅之前营造出来的良好氛围给打破了。

客户见舒畅为了一点小事就这样得理不饶人，便把之前对她的好印象都推翻了，觉得她并不是值得合作的人。此后，等舒畅再次与客户交谈的时候，客户已经有了防备心，不再愿意和她沟通了。结果，还没等舒畅说几句话，客户就借口说有急事离开了。

事后，舒畅多次想要和这位客户沟通，但是都吃了闭门羹。直到后来，她才明白过来，是自己的斤斤计较破坏了之前良好的沟通氛围，以至于失去了那么重要的客户。

其实，舒畅之前所营造的良好氛围主要是靠环境衬托出来的，因为环境的突变——舒畅和茶馆经理的争吵，她与客户之间的谈话氛围也受到了影响。

当然，从很大程度上来说，谈话氛围的变化是指谈话双方之间的气氛变化。比如，某人一时失言，导致原本轻松、愉快的氛围变得尴尬起来，或是变得剑拔弩张起来；再比如，某人一句幽默的话，使得原本陌生、紧张的氛围变得轻松、愉快起来。而氛围不同，沟通的效果也会不同。前者的氛围变化，会让沟通变得困难起来；而后者则让沟通变得事半功倍。

所以，如果我们想要与人进行高效的沟通，迅速拉近与他们的心理距离，就应该好好地营造沟通的氛围。那么，如何才能营造良好的沟通氛围呢？

1.注意自己的态度，给予对方适度的尊重和赞美。

我们应该注意自己的态度和行为，尊重对方，并且用积极的身体语言告诉对方，你对他的话题感兴趣；或是适时地恰当地赞美对方，让对方感觉到自己的重要性，让对方感觉放松和舒畅。

2.别说让人反感的话。

我们还要注意语言的技巧，尽量避免说出让人感到不舒服的话。在与人交谈的时候，尽量不要使用诘问，比如，“你为什么这么固执？”“价格高？到底哪里高了？”尽量不要逼迫对方同意你的观点。不要太咄咄逼人，把对方逼得无话可说……

总之，我们想要营造良好的氛围，就应该注意使用积极、正面的言语，避免使用消极、负面的言语，同时注意调动对方的情绪。只要氛围好了，就会达到事半功倍的效果，沟通会因此更顺畅、和谐。

心存偏见，怎么能愉快地聊天

心理学中有个“晕轮效应”，又称“光环效应”，指人们对他人的认知判断首先是根据个人的好恶得出的，再从这个判断推论出认知对象的其他品质。由这个看似深奥的心理学现象引起的最常见的行为就是——偏见。

错误的判断，盲目的推理，无知的肯定和否定，都是造成偏见的因素。

现实生活中，我们很难避免根据第一印象带来的直觉定义他人的倾向，与其说不能避免，不如说我们都习惯这样做，并把这当作帮我们处理复杂微妙人际关系的“主观印象”，极少考虑自己的主观有可能滑向偏见一端，以至于无法在偏激的情感中审视自己的观点和立场，造成误解和尴尬。

美食杂志主编白小林最近有点郁闷，郁闷的原因来自她办公室里新入职的一个实习生。

说起这个新人可真是了不得，她脸蛋漂亮，身材好，打扮时尚，学历高，上班第一天就开了一辆银色小跑车，开进杂志社的院子径直就停在社长的大吉普车旁边，踩着一双猩红色高跟鞋，袅袅婷婷走进办公楼。

进了大门，她来不及跟众位同事打招呼，先接起了电话，娇滴滴地说："靓女，又想我了？那今儿晚上你老公就归我使唤了，不把本小姐伺候好了他可休想回家……你们俩可不是欠我的嘛，行行，本宫的财力你是了解的，有的是票子，你自己在家乖乖的啊，少不了你的好处！"

也不知道电话那头是谁，她这边一口一个"本小姐"，一口一个"本宫"，笑得花枝乱颤，完全不管同事们满脸惊讶诧异、厌恶不屑的表情。

挂了电话，她整理了一下头发，脆生生地又开了腔："你们好，我是新来的实习生，我叫李天娇，今天开始在这里上班，请问白小林白主编在吗？"

哎哟，好一个霸气外露的李天娇，白小林听见她打电话时那些不正经的话语，又见她这副千金小姐的尊容，心里说不出的别扭，初次见面又不好当面发作，只好冷着脸上前打了招呼。

就这样，这个“天之骄女”加入了她的小组，成了她十分看不顺眼却又只能忍受的一名直接下属。

李天娇入职之后，白小林每天上班看见她就觉得碍眼，那明晃晃的金属耳环碍眼，那忽闪忽闪的大长假睫毛碍眼，那“嘎噔嘎噔”响个不停的高跟鞋碍眼，尤其是她每天跟那个所谓的“靓女”打电话时说的那些话，简直就是不知廉耻，人家老公的内衣裤她都给买，她们之间是多么畸形又下流的关系。

在这种厌恶之情的驱使下，白小林不但没有好好指导李天娇学习如何接手新工作，反而对她冷嘲热讽、处处刁难，李天娇的日子过得苦不堪言。她也不明白自己是哪里得罪了这位前辈高人，不管她怎么认真工作努力表现，得到的结果不是一通臭骂就是一声冷笑。总是拿热脸去贴冷屁股，她心里很委屈，关键是这位白大姐就像一块焐不暖的寒冰，任凭她卖力讨好，就是没用。

这天，李天娇又在白大主编的调教下遭了罪，终于忍不住跟白小林顶了嘴，她一边哭一边问白小林：“老师，您对我有什么不满有什么意见都可以直接对我说，为什么总对我这个态度，您说我是绣花枕头大草包，您说我是牙尖嘴利胸大无脑，这都不是批评了，这是人身攻击啊。我到底做错了什么，这么招您讨厌，您告诉我，我改还不行吗……”

白小林从没见过李天娇这副模样，看她哭得梨花带雨，突然觉得自己是有些过分，李天娇再怎么骄横跋扈，再怎么道德败坏，那都是工作之外的事，在工作时，她能力出众，也算勤恳负责，自己一直跟她较劲儿，欺负一个刚毕业的孩子实在没必要。想到这里，她软下心来，安慰了李天娇几句，让她回去工作了。

自从那件事情发生之后，白小林开始注意自己的态度，有意识地调整自己看李天娇的眼光。这一注意，她还就真发现了让自己惭愧不已的真相——李天娇每天通电话调侃的那个“靓女”不是别人，正是她那人老心不老的母亲，而那个听起来与李天娇关系“龌龊”的男人，当然就是她的亲爹了。这样一来，别说是晚上跟他一起吃饭看电影，周末跟他一起登山郊游，就是买内衣内裤，关心睡眠如何、腰疼不疼，也一下清楚了。李天娇不是什么勾引别人老公的狐狸精，外表靓丽的她是个孝顺的好女孩，跟开明时髦的父母之间关系很亲密。得知了这一点，白小林对李天娇的态度来了个一百八十度大转弯，也发现了这个年轻漂亮的女孩身上越来越多的闪光点，不仅把她当作左膀右臂委以重任，还把她当作妹妹一样照顾，俩人变成了生活中的好友。

偏见带来的坏处总比好处多，因为从根源上讲它是根据片面、模糊、极端，甚至错误的知觉形成的。当一个人对某个人或团体持有偏见，就会对其产生一种不公平、不合理的消极否定态度，从而在情感、认知、意向等方面，贬低、误解、伤害对方。故事中白小林根据她以往的人生经历总结出的属于“坏女人”的刻板印象，仅凭第一次见面就把外表靓丽、打扮时尚、行为很“潮”的李天娇轻易划入“坏女人”的分类，进而“替天行道”一般地欺负她、刁难她。在白小林借工作问题发泄的怒火中，并不包含对事不对人的正常因素，更多的是“看她不顺眼”这种极为主观的理由，可想而知，这种人际摩擦对开展工作、提高效率有百害而无一利。

除了工作场所偏见，在男女婚恋中极易出现偏见的地方就是相亲了。陌生的男女第一次见面前总会知道一些关于对方外貌、工作、收入的信息，见面后再加上第一眼“眼缘”基本就决定了对对方的态度，这时候抱有较严重偏见倾向的人就容易错失良缘，或者容易被某些善于伪装的对象迷惑。

避免因偏见伤人害己，你可以尝试这样做，看看对方的反应：

1.消除刻板印象。

不要轻易对人下定义，切忌主观认定某些人就是如何如何。

2.增加平等的个人间的接触。

给彼此一个深入了解对方的机会，关注点不是外表，而是性格。

3.换个角度。

跳出日常相处环境，增加一些不同的合作场景，换个角度看对方。

善用玩笑巧妙化解尴尬气氛

与不相熟的人交谈时，谈话对象对我们不了解，所以可能会下意识地抱有一种戒备心理。这种戒备心是我们与对方交流的障碍，可能会影响整个交际。如何才能降低对方的心理阻隔，消除对方的戒备心理呢？有时候，你只需要说一句幽默的话。

性格开朗的方琳是个在爱情方面有点木讷的女孩，见到相亲对象就紧张。最近，她却因一句笑言获得了一个男人的心。

前些日子，方琳去相亲，男方看起来很不错，比较合她的眼缘。于是，她终于鼓足勇气问对方："你喜欢什么样的女生？"男方想了一下，说："我喜欢投缘的女生。"方琳一开始很紧张，没反应过来，急忙问："一定要头圆的吗？头稍微有点方的不行吗？"男方听了之后，哈哈大笑。方琳也缓过神儿来，为自己的话笑起来。接下来，两人的谈话就轻松、融洽了许多。

方琳因为紧张，把“投缘”理解成了“头圆”，进而问出了一个幽默的问题。而这一幽默，则使男方笑起来，降低了心理防线，对方琳产生了一些好感。而且，这一句幽默的话，也让两个人之前尴尬紧张的聊天氛围变得轻松起来。

幽默是人际关系的润滑剂，对沟通来说至关重要。有时候，我们要拒绝别人时，不免要伤害对方的感情，对方也会因此有一种被拒绝之后的懊恼感，这可能会影响日后的相处。所以，在拒绝别人的时候，我们为何不换一种幽默的方式呢？

午后，周晴不小心打翻了可乐。为避免引来蟑螂，她连忙打扫。然而，可乐已经渗入了办公室的地毯里，清洁起来非常麻烦。正巧同事苏昙从旁边过，她就请苏昙帮忙。

苏昙正好有事分不开身，但是该怎么说呢？她灵机一动，笑着对周晴说：“晴晴放心，咱们东方的蟑螂不喜欢喝洋饮料！你先扫着，等我把文件送了，就来帮你。”一句话说得周晴笑了起来，毫不介意苏昙对自己的拒绝，开始自己清理起地面。

或许等苏昙忙完的时候，周晴早已经将地毯清理干净了，不过因为她的幽默，轻松地化解了周晴被拒绝的尴尬。

一句玩笑话，可以改变一个人对另一个人的喜恶。在职场中，用幽默来增加自己的亲和力，无疑是最好的选择。在家庭生活中，幽默也是一种非常重要的说话方式。它可以使对方从尴尬中解脱，化烦恼为欢畅，变痛苦为愉快，使对方平息激动，回归理智，最终使得彼此重拾默契，增进感情。

职场女强人韩桑整天忙于工作应酬，怠慢了丈夫。忍无可忍的丈夫宣称要和她离婚。丈夫提出分割财产，问韩桑离婚后要什么东西。深爱丈夫的韩桑不愿离婚，说："我什么都不要，只要你。"

幽默之余，更有情意在。韩桑的丈夫听了，怎能不心生温暖，前嫌尽释？

夫妻长年厮守，很难不发生争执、吵闹。与其抱怨、争吵，伤了夫妻的和气，不如在危机时来点笑料，平衡对方的心理，重拾感情。

那我们如何用一句玩笑话来打动别人的心，消除对方的戒备心理和敌对情绪呢？

1.用适当的夸张来形成对比。

一般来说，夸张能将事物的关系描绘得更形象，更凸显特征，也让人们表达的情感更真挚。在交谈中，用夸张幽默的说法能让彼此之间的心理防御降低很多。

2.利用谐音来故意"曲解"或营造出一种让人"误解"的语境。

谐音能将对方的注意力转移到别处，从而降低对方的心理戒备，就像“投缘”可以谐音理解成“头圆”，从而引发幽默的效果。

值得注意的是，刻意点明要说笑话，往往达不到幽默的效果。譬如有些人，在开场时喜欢用“我来讲个笑话”作为开场白，这样有时达不到听者的心理期待，理想的幽默效果也就大打折扣。这样的“幽默”实在是太令人尴尬了，还不如没有。所以，懂得说话的人要学会顺其自然地运用幽默。

说话因人而异，世界会对你温柔

和不同的人沟通，要采取不同的方式，只有这样，才能把话说到对方心坎里，让对方接受我们的意见和看法。

在现实生活中，有一些人对“说话要因人而异”这一观点有着比较偏激的认知，觉得这是一种圆滑和虚伪的表现，并不值得提倡。但如果你能设身处地地想一想，就会明白，这何尝不是对他人的一种尊重呢？如果为了自己的“直爽”，就毫不考虑别人的感受，想什么说什么，这样的行为岂不是太过自私？

说话因人而异，这是与人交流沟通的一项重要技巧，同时也体现了一个人的社交能力、学识修养以及处世态度。在生活中，许多人缘不佳的人，其实都有着优秀的语言表达能力，却总是不受欢迎，很大一部分原因是他们总是以自我为中心，说话、做事从不考虑他人的心情。这样的人或许非常耿直，但同时也很难获得别人的好感。

小刘进入理发行业已经三年多了，在师傅的教导和自己的努力下，已经练就了一身本领。虽然小刘勤奋又能干，但他的业绩却一直不是很好，顾客对他的评价也非常一般，甚至还比不上技术远远不如他的新人小关。

对此小刘一度感到很苦恼，他把烦恼向师父倾诉之后，师父便建议他多看看小关平时都是怎么和顾客打交道的。

有一回，小关的一位顾客理完发之后，一边照镜子一边皱着眉头说道："这头发留得太长了些吧！"

一旁的小刘听到之后，便暗暗观察小关的反应。只见小关笑眯眯地走到顾客身后，礼貌地说道："先生，稍微留长一些更符合您的气质，显得比较含蓄，藏而不露，短了就没这样的效果了。"

听完这话，顾客紧皱的眉头舒展开来，脸上露出了满意的笑容，开心地说道："这么说倒也有道理。"

还有一回，小关的一位顾客理完发之后，照着镜子不甚满意地抱怨道："这剪得也太短了，这么短太难看了啊！"

小关则解释道："先生，短一些显得精神。您五官比较立体，留得短一些更有男人味，让人一看就感觉您精明干练，精英范儿十足。”

听了这话，顾客自己也越看越满意，高高兴兴地走了。

在观察了小关几天之后，小刘终于明白为什么小关总能讨得顾客的欢心了。看来，要想在这服务行业做好，不仅要磨炼技术，还要学会如何说话，如何与顾客打交道。

从小刘和小关的经历就能看到，说话这件事，还真是门值得深究的艺术。那些懂得说话的艺术的人，懂得因人而异地说话的人，无论走到哪里，都能拥有好人缘。

真正做到会说话，会因人而异地说话也不是一件简单的事情。我们必须加强自身的学识和修养，才能针对不同的人说出不同的话，将话说到对方心坎里去。通常来说，我们可以从以下几个方面考虑。

1.年龄差异。

面对不同年龄段的人，沟通的方式也应有所不同。通常来说，与年轻人沟通，可以多采用一些富有激情的语言，这样与年轻人的个性会更加相符；如果是与中年人沟通，则应该以理性的语言为主，分析清楚利害得失，以供对方斟酌；如果沟通对象是老年人，则要记住展现出你对对方的尊重，记得使用敬语。

1.职业差异。

与从事不同职业的人沟通，也应当使用不同的方式。比如可以根据职业类型的不同，尽量在沟通中加入一些对方所从事职业的相关知识或话题，这样才能够大大提升对方对我们的信任感和好感度。

3.性格差异。

与不同性格的人交流也有不同的沟通方式。比如和性格直爽的人交流，单刀直入会让对方更有好感；而如果和性格稳重的人交流，则应讲求“慢工出细活”，在语言方面进行一些雕琢和修饰。

4.文化、兴趣差异。

此外，谈话对象的文化程度和兴趣爱好也是非常重要的，只有摸清了对方的这些特点，我们才能更好地引出话题，进而与对方产生共鸣。

一位教育学家曾说过：“一个人的成功，百分之十五取决于知识技能，另外的百分之八十五则取决于他与人沟通的能力。”可见，想要获得成功，就必须掌握与人交流和沟通的技巧和艺术，学会在面对不同人时，做到因人而异地与对方沟通交流。

自费聚餐有讲究，某些话要先说透

AA制是当今一种比较流行的聚餐方式，特别是对于一些喜欢热闹、刚入职场不久的年轻人来说，他们往往会用这种方式来排遣工作上的压力，以及维系彼此之间的感情。这种聚餐方式有这样几种优势：

第一，公平。每个人付同样的钱，吃同样的饭，首先在心理上是平衡的。

第二，和谐。这种饭局没有谁做东谁不做东之说，因为大家都掏钱了，都可以是做东之人，在饭局上可以畅所欲言，无所顾忌，互诉衷肠。

第三，团结。以这种方式聚餐的人一般都是在同一个团队工作，大家彼此又不是非常熟悉且亲密，比如公司的某一部门，某一些喜欢K歌、喝酒、热闹，但经济又无法支撑的人，以这种方式进行聚餐会提升彼此之间的感情，促进彼此之间的团结合作。

正是因为有这样的好处，所以这种聚餐方式才会受到很多人的追捧。但是，如果这样的聚餐方式过于频繁，且每次出入的都是一些高档场所，也会让一些人在经济上无法承受。比如有些已婚、有孩子且是房奴的年轻人，他们的生活压力已是非常之大，如果频繁地参加这种聚会，必然会影响到自己的正常生活。但是如果拒绝不去，肯定会引起其他人对你的看法，影响你与同事之间的关系及人脉，甚至在工作上的进展。所以，这会让很多人感到焦虑，而要化解这种焦虑，又不影响自己正常的工作与生活，就需要我们用正确的方法来进行婉拒。

“小刘，今晚我们部门聚会，然后唱歌，费用AA制，去不去啊？”

“当然去啊，正好借此机会和大家认识一下。”

小刘是刚刚进入这家公司的行政助理，今年30岁，有一个两岁的女儿，丈夫是一位的哥，在郊区有一套按揭的房子，生活虽然不是很富裕，但是很幸福。这次能够进入这家公司从事这份工作是她梦寐以求的，所以她特别希望能够和同事搞好关系，让自己的工作更加顺利一些。这次正好有同事说要AA制聚餐，这绝对是一个不可错过的机会。

晚上，大家都很高兴，在吃饭的时候小刘认真地向大家作了自我介绍，也大致了解了每位同事的情况，同事们对小刘都表示非常欢迎。之后小刘跟着同事们一起去唱歌，虽然她不怎么会唱歌，但是为了不破坏气氛，她还是跟着一起去了。

这次AA制聚会小刘共花去了90元钱，虽然她很是心疼，但她觉得非常值。因为自从这次AA制聚会之后，大家对她热情了很多，工作上也经常受到同事的帮助。一切变得很顺利。

就在一个星期后的周末，同事小王对她说："小刘，今晚部门聚会，老规矩，老地方，别忘了啊！"

小刘一听又是部门AA制聚会，这意味着自己又要花去90元钱，还要让丈夫去接孩子放学，但是又想到同事之间关系的和谐，她还是果断地说："行，没有问题。"

这次聚会大家依然很高兴，吃吃喝喝，唱唱歌，大家依然沉浸在欢乐的气氛中，可是小刘隐隐觉得，已经影响到了自己的家庭。

让小刘没想到的是，之后的每个星期周末部门都要进行AA制的聚会，并且大家心情好的时候，一个周末两次，这让具有一定生活压力的小刘很是吃不消。

终于，在一次同事照旧邀请AA制聚会时，小刘说："不好意思，今天家里有点儿事，我就不去了。"小刘以这样的方式拒绝了几次之后，同事们聚会的时候很少再邀请她了，而且大家似乎对她有了一种排斥的心理，这让小刘很是苦闷。

身在职场，这样的AA制经常会遇到，特别是一些基层工资待遇不是很高的员工，本身是一件有利于团结的事情，可是过于频繁，费用太高，而且每个人的经济状况及生活状况有所不同，这就会给一些员工造成经济上的压力甚至是困难。其次，由于有些人性格内向，并不喜欢参加这样的聚会。这时，如何拒绝就会显得颇为重要。

故事中，小刘虽然知道与同事进行自费聚餐的重要性，但是过于频繁，由于生活的压力使得她不得不选择退出，在拒绝上采取的方式不当，从而引起了同事对她的排斥，这样极大地影响了她工作的顺利展开。

搞好同事关系，是职场中做好工作的首要法则，而办公室自费聚餐又是提升同事关系的因素之一，但是如果这样的聚餐会影响到自己的生活，或者自己的心情不好不想参与，如故事中小刘遇到的情况，在拒绝的过程中，既要不损害彼此之间的关系，又要让同事高兴地接受，可以选择以下几种方法。

1.先发制人。

在进入某一单位后，你事先得知在这个团队中有自费聚会的传统，并且特别频繁且费用昂贵。首先和同事在无意中谈谈自己生活的压力，让同事们知道你的苦衷。一般情况下他们都会理解，以后也就不再频繁地邀请你去自费聚餐了，即使在邀请你的时候你婉言拒绝，他们也不会觉得你不合群。当然，到公司后的第一次自费聚餐还是非常有必要的。在你多次自费聚餐后发现过频繁或者费用太高，而不想参加时，也可以用这种方法进行铺垫拒绝，这就叫先发制人。

2.连环计。

如果你的经济状况还可以，就是不想参与这样的聚会，而又不好拒绝，这时你可以找一些关系较好的姐们儿，在宴会刚刚开始或者去酒店路上，让其当着同事们的面给你打电话，说有重要事情需要你的帮助，而且是焦急万分，你也不可推辞的样子。这样你就可以以此为借口顺利地“闪了”。

3.找充足的理由。

你喜欢热闹，也很喜欢参加这样的聚会，但是不希望太过频繁，这时你可以阶段性地找一些充足的理由来婉言拒绝，比如：“需要早点回家接孩子”“家里来了重要客人”等，这样同事就不会把你排除在他们的圈子外，下次你还会接到邀请，还可以参加。

有了这些方法，相信你在以后的邀约中就不会再烦恼了。

和上司打交道，懂得说话很重要

有人认为，心直口快的人不适合在职场上生存，因为这类人有什么就说什么，容易得罪同事和上司。因此，在大部分人的认知里，要想让自己的事业蒸蒸日上，就应该学会迂回做人，用委婉的语气说话、办事。

然而，事实并非全然如此。每个人在职场上面对的人不同。有的上司喜欢心直口快的下属，希望他们能直接、明白地表达自己的观点；有的上司却很好面子，希望下属能在维护他面子的基础上把事情处理得更好。

面对自己的上司时，说话一定要“三思”，不能那么口无遮拦，就算是心直口快也要知道什么话该说、什么话不该说，尤其是指出上司的错误时，懂得说话的人会斟酌自己的措辞，让上司自己认识到错误所在，并且能主动改正错误。

晓丽接到了上司的通知，说是需要她做一次会展。晓丽接到后很开心，这是她第一次独立做会展，一心想给自己的上司留一个好印象，为此干劲十足。

但是，晓丽在布置会场的过程中发现，上司传达给自己的通知和正式文件上发布的会展主题完全不一样。晓丽心想：如果我直接去找老板，不就是告诉老板他错了吗？这样一来老板肯定会感到尴尬，也不利于我以后的发展。所以，我应该找个两全其美的方法。

后来，晓丽借着咨询老板一些问题的借口，拿着正式文件去找老板。晓丽故意把正式文件摊开，趁老板不注意时放在老板的桌子上，然后问完问题就离开了。过了一会，晓丽就接到老板的电话，顺利改正了这次主题。这次的会展也举办得非常顺利，晓丽也得到了老板的赏识。

晓丽无疑是一个聪明的员工。因为她非常懂得照顾上司的面子，知道怎样做才是最好的。这虽然看起来很简单，但是总有一些人觉得，指出上司的错误是好事，上司怎么会不乐意？这是一种不上道的看法。被人指出自己犯了错误，谁听了都不会痛快，何况是心高气傲的上司呢？

文华的是一个非常有能力的女人，她一直觉得自己比现在的总经理有能力，自己应该做总经理的位置。但是，公司一直没有人事调动，所以她只能屈居人下。

有一次，总经理在办公室召开领导小组的会议，当时公司的高层和各个部门的人都在会议室里。总经理在上面做季度总结时，或许是因为记错了，或许是因为其他原因，不小心说错了一个非常重要的数据。文华听到后，顿时非常高兴，觉得自己的机会来了，心想：公司其他高层都在，如果指出了总经理的错误，说不定会让其他领导另眼相看。

于是，文华站起来说道：“总经理，不好意思打断一下。您刚才的数据有一个说错了，应该是××，而不是××。”文华一说完，总经理的脸色就变了，然后总经理勉强笑了一下，说：“最近我睡眠不好，记不清了，谢谢你的提醒。”

然而，让文华没想到的是，她不仅没有得到晋升，反而被贬到了一个冷门的部门。文华想破脑袋也不明白这是为什么。

文华的做法错就错在当面指出了上司的错误，给了上司一个很大的难堪，所以才会给上司留下了不好的印象，才会遭到贬职。其实，文华可以私下告诉上司的错误，卖上司一个人情，说不定还会让上司感恩于心。

和领导打交道是一门非常高深的学问，聪明的人要想在职场中得到高升，要想让领导赏识自己、认可自己，就应该懂得说话的技巧，以此来得到上司的信任和赏识。

1.主动找领导谈心。

每一个团体里，都是领导占少数，队员占多数，所以，领导们不可能抽出时间来和每个人聊天，也不能正确地认识到每个人的优点和缺点。我们只有自己想办法，主动与领导进行交谈，让领导知道我们是有想法的人，是有能力的人，领导才会在合适的机会提拔我们。

2.对上司要端正态度。

上司虽然决定了我们的薪资水平、职位晋升，但是这并不意味着我们就比上司低级。我们要和上司搞好关系，也不意味着我们就必须以自己的卑微来衬托领导的高大。所以，我们应该端正自己的态度，用不卑不亢的言谈举止来吸引领导的眼球。

3.和上司交谈要得体。

我们在和上司交谈时，虽然说不用过于计较对方的身份，但也不能完全不在意。因此，我们在说话时一定要注意自己的言辞、语气，在尊重、有礼的情况下，尽量把话说得婉转又不失水准。同时，面对领导的批评，要虚心接受。在向上司提建议时，或者是反驳领导的观点时，一定要措辞温和，始终保全上司的面子和尊严。

4.切忌比领导聪明。

有些人确实很有才华，人缘也很好，也比自己的上司更适合这个职位。但是，再有才华的人也要记住，只要对方在位一天，对方有权力指导你们。如果你锋芒太露，不懂得讷于言，就会惹领导猜忌，为自己带来麻烦。

别让你的抵触情绪影响了社交

习惯性较劲的人身上多少会体现出一定的偏执型人格特征，他们可能会比一般人固执、敏感多疑、狭隘、好嫉妒、缺乏幽默细胞，同时由于潜意识里的严重自卑，又有着很强的自尊心，很低的安全感。与人交流时稍有言语失当，便会争论不休、强词夺理，甚至发怒攻击对方。他们很难放下防卫心理与人坦率交友或恋爱，日常生活工作中神经总处于紧张戒备状态，对周围亲友和同事的善意举动常会产生负面、歪曲的理解，进而发生摩擦、冲突，造成人际关系不和谐。事后他们无法对不和谐的根源做内部归因，分析起原委来所有错误都是别人的，吃亏受委屈的总是自己，令破裂的人际关系更加难以弥合。

当显著偏执型人格特征的想法、言论和行为越来越多出现在一个人身上，不仅他自己会感觉身心不适、孤独、焦躁甚至恐惧，周围的人们也能非常明显地感觉到他无缘无故抛出的恶意。这就让他们在社会交往中无可避免地处在一个非常尴尬的境地——强于他的人肯定不吃他这一套，兵来将挡，水来土掩，以惩罚对敌意；弱于他的人深受其苦，只好敬而远之，免得引火烧身。针对这种看谁都不顺眼、对谁都不怀好意的人，时下流行叫他们“极品”。

某次与广告公司的陈总一起吃饭，席间说起人力资源管理的话题，他一声长叹就打开了话匣子，对我说在他的公司里有个叫甄峰的“极品”员工非常让他头疼。人如其名，很多时候他和其他领导都怀疑甄峰是不是真“有点儿疯”，我以为他发愁解雇的问题，但愁眉紧锁的老总接着说：“唉！就这么个逮着谁扎谁的刺儿头，搅得大家心神不宁却不能辞掉，所以我才这么发愁。”

原来这个被称为“极品”的员工甄峰是陈总一个老同学的儿子，大学毕业没几年换了好几份工作了，在哪儿都干不长。他爸爸跟陈总是大学时的舍友，还是上下铺的兄弟，那感情不是一般的深厚，这次为了儿子的工作只得找陈总帮忙。陈总想也没想就应承下来，还对老同学信誓旦旦地说：“咱哥儿俩是什么关系，你这宝贝儿子跟着我绝没有亏吃，你就放一万个心吧！”这事说来虽是陈总考虑不周，但考虑到自己开了这么大一公司，安排个行政助理之类的闲职混口饭吃还是不成问题的，不承想，甄峰进了公司，陈总的噩梦就开始了。

甄峰的性格跟他那个憨憨的老爹可是一点儿也不一样，他的脸上总堆积着厚厚的阴云，开始时同事们都以为他只是不习惯新环境，等大家熟络了就会热情起来。

渐渐地，人们发现甄峰的敌意并不是因为初来乍到紧张所致，他的愤世嫉俗和心胸狭隘先是让负责带他的小吴碰了一鼻子灰，又让俩人的共同上司王主任生了一肚子气。

入职3个月试用期满时，主管领导怎么都不肯在其转正通知上签字，还是陈总亲自出马，才给他转了正。

转正之后，甄峰不仅没有转变态度虚心工作，反而更抵触工作了，周一上午的部门晨会他不愿意参加，还冷嘲热讽地说纯粹是在浪费生命；主任让他出去给客户送份文件，他磨蹭了半天也没动身，被主任问起送到了没有，竟然反问主任为什么让他做低级的体力活。

有一天中午，部门大部分人都在赶工，主任看他闲着，就让他去买些盒饭回来，吃完饭好继续忙。没想到甄峰气得嘴唇发抖，攥着拳头一字一句地对他说："我是正经大学毕业生，来到这个公司是做行政助理工作的，不是给你们跑腿买盒饭的勤杂工！"呛得主任不想跟他理论，只好找到陈总诉苦。

这种事多了，陈总也充分领教了这个“甄大少爷”的“特立独行”的别扭性格。就算真有一两个员工对他不那么友善，也不能整个公司上下连保洁、保安、送快递的都欺负他啊……说到最后，陈总自己也气得不行，看他的样子，恐怕是铁了心要解决掉甄峰这个麻烦，不用猜就知道甄峰在这家公司做不久了。

抵触情绪是一种深层次的负面情绪，一般体现为针对某些个人、某些独立或相似事件、某些特定行为、某种环境的抗拒和敌意。偶尔产生这样的“小别扭”无伤大雅，只要及时调整心态或者闹个脾气疏解一下也就过去了，但发现自己有时间持续性、对象广泛性的抗拒情绪产生时可就要提高警惕了。

像甄峰那样的性格，在每个公司都待不久，因为他对人、对事的敌意不仅影响了自己的职业发展，也干扰了同事之间正常的沟通和协作。

我们虽然不至于像甄峰那么极端，但在工作压力下偶尔也会产生类似的反抗情绪，要学会克服对抗心理，平复涌上来的焦躁心情。

1. 回避刺激源。

在感觉到他人冒犯了自己而不高兴或者看他人的言行不顺眼时，首先力求回避刺激源，老话说得好：“眼不见，心不烦，转身向后，怒去一半。”

2.摆脱敌对心理。

怒从心头起的时候，要及时自省，看看是不是毫无原因就陷入了“敌对心理”的旋涡，如果真是这样，可以考虑做些别的事情转移注意力，在大脑皮质里建立另外一个兴奋灶，或者深呼吸、原地做几个下蹲，缓解心跳加快、呼吸急促、脸色难看等应激反应。

3.善意理解并尊重他人。

如果能明确自己的抗拒与不爽源自虚荣心强、感情脆弱，则要返回源头处疏导压力，将事先自我提醒和事后反省纠正形成思维习惯，善意理解并尊重他人，而不是满心不平衡地苛责别人。

自然流畅地没话找话，聚会永不冷场

在聚会中，大家没话找话说是一种嘘寒问暖的过程，也是彼此认识联络感情的过程。这样一来，你一言我一句，那么这场聚会自然就不会冷场。其实，每一场聚会都有一定的主题，或者说有一个由头。如果不知道自己要说些什么，那么就以诉说聚会的目的为开端，打开自己的话匣子，随后畅所欲言即可。

在朋友的聚会上，小张见到了很多陌生的面孔，她稍显拘谨，但还是极力保持着自己以往的神情。原来朋友的朋友那么多，而她只是其中一个，她这么想着，心中有了一丝醋意。这次朋友从南方闯荡回来，做的第一件事就是设下了这么一个饭局。

这一天，她如约而至，只是不知道饭局上会来这么多的人。大家都坐好了，朋友小卓开始自我介绍："这个是小张，我的大学同学，这个是我的高中同学，这几个是我的发小，这个是我以前公司的同事……”

小张看着小卓一一介绍得这么郑重，在心中已经了然，心想到场的一定都是她十分珍视的朋友，也是她这几年来积累的人脉资源。何况小卓曾透露想要自己开一家公司，而自己的朋友们如果彼此都认识，这更有助于今后彼此之间的合作。

小卓介绍完毕后，大家相互环视了一下，点头示意。显然到场的人太多，仅凭小卓一遍介绍，各自还是相互不了解，甚至连名字都不记得。

看着大家极不自然，还强作镇定的神态，小卓端起一杯酒，笑着说：“我们先一起喝一杯，你们都是我的朋友，正所谓物以类聚，人以群分，你们彼此将来也会成为很好的朋友的，只是到时候别忘了我这个最初引荐的朋友啊！”

听到小卓这么说，大家都相视笑了一下，而这也是小卓最大的优点。她幽默风趣，落落大方，说出这番话无疑让大家吃了一颗定心丸。

在这个朋友的聚会上，仅凭小卓一个人说话，大家点头示意或微笑，这样场子是热不起来的。小张也沉浸在自己的思考中，不知道在这样的场合要说些什么。她欲言又止，抬头迎上了小卓满是期待的眼神。

就这样，突然之间，小张有种身兼重任的感觉，在这样的压力下，她的思维转得很快。她心想：大家第一次见面，给彼此留下一个好的印象才是最重要的。可是对方的学识、爱好、家庭背景、价值观、职业都是未知的，如果冒昧地提出较深入或者是比较特别的话题，会让大家陷入回答的窘境。此时不如提出一些大众的话题，有意地去营造一个轻松愉悦的氛围……

“小张，听说你最近在网络上收集搞笑滑稽的脑筋急转弯，不要藏着掖着啦，拿出来大家分享一下，如此良辰美景，正合我们玩闹的兴致。”

听到小卓叫自己，小张才从自己的沉思中清醒过来，说道：“好啊，那我要献丑了，只是大家要各自讲一个自己觉得比较好笑的幽默笑话，不能总让我一个人讲啊……”

看着小张嗔怪的表情，有几个朋友连声道：“好，一人讲一个，发言嘛，也讲求一个人人有份……”

于是，小张说道：“在水果王国里，哪一种水果的视力最差？”

“当然是杧果”一个朋友答道。

有人疑惑地问了一下：“为什么是杧果……”她随即笑了，补充了一个道：“那么水果中，哪两种水果比较前卫，拥有了手机呢？”

“这个……太荒诞了吧，水果有手机，真有人想得出来这么一个说辞……”又有人开始不解。这时小卓双手交叉在胸前，胸有成竹地说道：“萝卜青菜，各有所爱，索爱手机呀。”

……

一番猜答后，他们又玩起了成语接龙的游戏，第一个人说一个成语，后一个人就要以第一个成语最后的一个字为开头说出另外一个成语，依此类推，所要接的这个字只要音似就可以。第一个成语是“千言万语”，后一个接的是“语重心长”……

后来，大家没话找话，相谈甚欢。这个聚会自然是热闹非凡。

在这场朋友的聚会上，小卓是主角，到场的也都是她请来的朋友。可是，朋友与朋友之间并不认识，如果大家都不说话，那么这个饭局注定要冷场。

想要打开局面，就要善于没话找话，小卓把大家介绍给彼此认识后，大家不能立马进入话题的讨论中，她给大家敬酒，说了一句玩笑话，逗乐了大家。那句“你们将来也会成为很好的朋友的，只是到时候别忘了我这个最初引荐的朋友啊”无疑是在帮大家牵线。

为了避免这是自己一个人的独角戏，小卓环视在座的朋友，希望可以找到一个可以把话题接下去的朋友。而小张心思缜密，做了一番合理的分析，担当了这个重任，让话题得以继续。

所以说，聚会中要避免冷场，就要把话题的讨论持续下去，还需要多方人员的配合，一个人独演独奏是造不成轰动效应的。不管是作为开始时的暖场者还是后面的响应者，积极主动一点，这场子才不至于太冷。

以下是几个暖场子的建议。

1.别说涉及别人隐私的话。

如果聚会中有很多陌生人，彼此的学识、爱好、家庭背景、价值观、职业都不清楚，在和对方说话的时候，就别说涉及隐私的话。比如，如果对方的学历比较低，就不可以随口问："你是哪个名牌大学毕业的……"

2.那些浅显寻常的大众话题有助于轻松开场。

比如，大家可以一起猜谜语、讲笑话、成语接龙……当然还有一个万能的话题，那就是问对方的家乡在哪里。一方水土养育一方人，对方对家乡的亲切感也会转移到问话者身上少许。何况老家的那些事都是对方所熟悉的，一定可以激起对方交谈的欲望。

3.从周围的环境中寻找话题。

如果有雅兴，懂得享受生活，可以从周围的环境中寻找话题。比如墙壁上挂的字画、窗户上的装饰、天花板的构造、饭菜的味道……话题开好头后，就可以随机应变，围绕着彼此感兴趣的事物继续下去。

聚会的主要目的就是交换信息，这些信息只有说出来才知道有用没用。而且，说话会让自己觉得身在某个圈子里，不会有被抛弃或者是受到冷落的感觉。

通过言语交流，彼此可以加深了解，自己也可以给与会者留下深刻的印象。

04

戒掉负面口头禅

有些话说出来只会招人烦

如果公司……我就可以做到……

人的心理是很奇特的，一个念头在大脑里从产生到被自己认可，就像走迷宫一样，一定要从起点顺利达到终点，这个念头才能够被自己肯定。当一个人发现自己的能力无法胜任当前的工作时，这个念头就会让自己难以接受，而本能地形成多重保护性的阻拦，就相当于让这个念头走进了迷宫里的死胡同。于是，这个念头在大脑中就走不到终点，无法被自己认可。那这该怎么办呢?

如果这个念头被本能地压抑，大脑会产生一个替代性的念头，而这个念头往往是否定上一个念头的：自己的能力并没有问题，而是环境出了问题。这个念头很快走到了迷宫的终点——被大脑轻松地接受了。

经理对小王说："本季度我们的销量所有下滑，下个季度可要好好地赶上来哦！”

小王漫不经心地回答说：“如果公司能够再加强一些广告营销的力度，我想就可以做到了。”

经理有些不高兴，暗想：这家伙事事谈条件，处处提要求，看来工作能力很一般。

弗洛伊德在精神分析报告中指出：一个小女孩不喜欢给她的苹果，她一口也不尝，就会说苹果是酸的。

如果一位成年人像那个小女孩一样说话，那说明他正在试图压抑一个观念。

没有签到大客户，也没有多签几个合同的原因，其实说话的人心里往往是清楚的，是自己的能力不够。但是人有分析问题的能力，有察觉问题本质的天赋，却很少有坦诚面对自己缺点的勇气。

因此，我们很快就会脱口而出：“如果公司环境再好一点，我肯定可以做得更好！”

“这是谁的错呢？”但凡遇到问题，我们的内心就会产生这样一个声音，接着我们就会看到有人在抵赖狡辩，有人为了推卸责任而指责别人，甚至每个人都会发现自己有这样的习惯。

在这里，我们需要了解一下“免罪理论”。

其一，避免或逃脱责罚是人类的一种强烈本能。

其二，多数人在“有利”与“不利”两种形式的抉择中都会选择趋吉避凶。

其三，通过各种“免罪行为”，人们可以暂时逃脱责罚，保持良好的自身形象。

以下是一些逃避责任的借口和其内在的含义：

1.“这不是我的错。”

这是一种全盘否认。否认是人们在逃避责任时经常使用的方法。当人们乞求宽恕时，精心编造的借口便会脱口而出。

2.“我不是故意的。”

这是一种祈求宽恕的说法，通过表白自己并无恶意而推卸一部分责任。人们经常对此进行反驳：我知道你不是故意的，你是成心的。

3.“没有人不让我这么做。”

表明此人想借装傻蒙混过关。如果有人这么说，就告诉他：也没有人让你这样做。

4.“这不是我干的。”

这是最直接的否认，可以请他拿出证据来。

5.“本来不会这样的，都怪……”

找这种借口的人认为，法不责众，可以凭借扩大责任范围推卸自身责任。不要理会，先处理他，其他人的责任以后再说。

为了免受谴责，多数人都会选择欺骗手段，当他们从这些欺骗手段中得到好处，他们下次就更乐于使用这种手段了。但是人的心理又是矛盾的，那个被压抑的真相会潜伏在大脑里，让人感到不安，选择逃避机制的人心理上就会感到似有沉沉的包袱在压着自己。

如何让自己摆脱这种怪现象呢?

承认“我错了”，意义非常重大。因为人人都难免犯错，所以大多数人都会原谅别人的过失。勇于承认自己的错误，可以提高一个人的信誉，并且有助于自我完善。

有人为了怕痛苦而选择规避问题，其实，人的成长就是人生中经历过的无数挫折与失败促成的，如果能认识痛苦的价值，愿意面对现实，人就能活得更加坚强、更有自信。

从现在开始承认“我能力有不足之处，我会努力弥补”。每个人都有能力不足的方面，最重要的是，这样说出来以后，你的心里就感觉轻松多了。

好了，不用多说，我明白了

动辄就说“好了，我明白了”的人，往往是自信过度，也就是有些自负的人。遇到问题时，他们不会怀疑自己哪里做错了，而是会找一些客观的理由，将问题归咎于别处。对于自己，他们从不怀疑，所以也难以克服自身的缺点。这种人往往盲目自大，过高地估计自身的能力，缺乏自知之明。

王喜最近在设计一个方案的时候，出现了重大的失误。鉴于他是个新手，上司没有追究他的责任，而是派了一个老员工去指导他改正错误。

在老员工给王喜指出问题的过程中，王喜总是有些不耐烦地说：“好了，不用多说，我明白了！”“懂了懂了！”

到最后，老员工也是一肚子的火，直接找到上司，说：“这个人什么都懂，我教不了他！”

我们都知道，做人不能没有自信，那样就会走入另一个极端——自卑。尤其对年轻人来讲，在适当的范围内，自信可以激发人的斗志，树立克服困难的信心，坚定必胜的信念，使人充满勇气。

但是，我们也要明白，自信必须建立在客观现实的基础之上，不切实际的自信变成自负，对人是有害的，会影响一个人的生活、工作，严重时甚至会影响人的心理健康。

过度自信的人会显得心高气傲、自视过高，更有甚者，会抬高自己贬低别人、轻视别人，总认为自己要比周围的大部分人更强。有的会固执己见，唯我独尊，听不进别人的意见和建议，而且总想把自己的观点强加到别人头上。

另外，自负的人大多很少主动关心别人，他们常常会显得有些自私。

既然自负心理是有害的，那么，我们就要搞明白它从哪里来。

首先，家庭教育是产生自负心理的主要根源。

一个人在儿童期的时候，他们的自我评价主要取决于身边的人对自己的看法，家庭就是孩子们自我评价的主要参考对象。父母过分地宠爱、夸赞、表扬，会使孩子觉得自己非常了不起，这种自负心理很可能会延续到他们成年之后。

其次，自负心理还可能来源于过于顺利的人生。

人的自我认识来源于经验，生活中遭受过许多挫折和打击的人，一般不会太过自负，而生活总是一帆风顺的人，则更容易变得自负。现在的年轻人大多是独生子女，从小到大都生活在娇惯和宠爱中，没有经历过大风大浪，因而变得自负。

最后，自负还可能来源于片面的自我认识。

自负者往往会尽量缩小自己的短处，而将自己的长处无限夸大。这证明，自负者也极度缺乏自知之明。当一个人只看到自己的长处和优点，却看不到自己的缺点时，就会形成自负的心理。这种人往往好大喜功，稍微有一点小的成绩，就觉得自己了不起，把成功完全归功于自己；假如失败了，则会认为是客观条件不合作，他们过分地自恋和以自我为中心，把自己的举手投足都看得与众不同。

这就是自负心理的来源，一个人如果生活在这样的环境和心理中，难免会认为自己不需要别人的“指导”，因此他们会经常说“好了好了，懂了懂了”就一点也不奇怪了。

那么，我们应该如何避免自己的自负心理，避免自己再用不耐烦的口气说出：“我明白了，懂了懂了”这样的话呢？

1.提醒自己不要排斥批评。

自负者的致命缺点是，他们非常不愿意改变自己的态度，更不能接受别人的批评。所以，改善自负心理的第一秘诀，就是学着接受他人的批评。在遇到不同意见的时候，能保持心平气和。这并不是让我们完全服从别人，只是要求我们能够接受别人的正确观点，通过接受批评，改变自己过去那种固执己见、唯我独尊的不良心理。

2.与人平等相处。

自负的人，往往将自己看得高人一等，具有很强的控制欲，往往希望自己能处于支配地位。平等相处就是要求自负者以一个普通社会成员的身份与别人平等交往。

3.提高自我认识。

要全面地认识自己。一个人，只有既能看到自己的长处和优点，又能看到自己的短处和不足，才能够走出自负的怪圈。千万不能一叶障目不见泰山。

认识自己，不能主观地、孤立地去评价自身，而应该把自己放在具体的环境中去考察，每个人都会有优点和过人之处，同样，也都会有缺点和不足，人不能总是用自己的长处去比较别人的短处，这是有失公平的。只有客观地认识他人、认识自己，才能走出自负的心理。

行了行了，好了好了……

生活中，有的人总爱打断别人的话，喜欢表现自己，其实，这是一种爱表现心理。爱表现心理是一种消极的情感，如果任其发展下去，可能会造成严重的后果。

聂静加入了一个绘画培训班，学习了几天基础课之后，老师让她试着画一幅线条画。

可是，聂静盯着画板发呆了好一阵，却迟迟不动笔。老师问她："小静，有什么困难吗？为什么不抓紧时间画呢？"

聂静叹口气说："您能教我一些更高超的技巧吗？我早就会画线条画了。"

老师笑着说："画线条画看似简单，但在构图、比例、排线等方面也需要勤加练习，这样才能提高绘画水平啊。达·芬奇画鸡蛋的故事……"

没等老师说完，聂静就不耐烦地说："行了行了，别跟我讲那些大道理行吗？以前上学时我就听过达·芬奇的故事了，您现在怎么还拿一样的故事教育我呢？"

老师依旧笑着说："不是教育你，我的意思是……"

聂静没好气地说："好了好了，刚才我不是说了吗，我早就会画线条画。您是不是水平不够啊，要不然我当您老师得了？"

老师被聂静这样讥讽，再好的脾气也忍受不了，气愤地说："我确实水平不够，教不了你，你去留随意。"

经常说"行了行了，好了好了"的人，通常是表现欲和竞争心都比较强的人。说这样的话，主要有以下几点危害：

一是影响社交关系。听不进别人的意见，会养成自高自大、自以为是的个性。由于过高地估计自己的能力，不能客观地评价别人的作用，逐渐会形成"独"的个性心理，偏离集体与社会，会出现严重的自私自利行为。

二是容易伤害别人。不知道尊重别人，更不会理解别人，甚至会恶意诋毁他人。

三是难辨是非。变得善恶难辨，在错误中继续犯错误，甚至失去理智，不能自拔，引发极端行为的发生。

更为重要的是，人如果有了爱表现的心理，内心会始终处于高度的应激状态，大脑总是得不到休息，睡眠就会出现障碍，消化系统的功能也会降低，容易患心血管疾病，甚至引发精神疾病。

人之所以过于喜欢表现自己，大多是因为内心的浮躁产生的。

浮躁指轻浮，做事无恒心，见异思迁，不安分守己，总想投机取巧，成天无所事事，脾气大。

概括起来，浮躁分为三类：对现有目标的专注度不够、对现有目标的耐心度不足及现有的目标不切实际。

中国文化给人的感觉一直是沉稳、含蓄，就如太极拳般心平气和、不急不躁。

其实，自古以来，中国人都在劝诫戒骄戒躁。《论语》说："欲速则不达，见小利则大事不成。"还有"小不忍则乱大谋""三思而后行"等。如今，不少人似乎少了耐心，多了急躁；少了冷静，多了盲目；少了脚踏实地，多了急于求成。莫非现代社会的快节奏和高压力必然会助长浮躁之风吗？

从社会学理论上看，社会风气会影响社会中的每一个个体。要打破某种社会风气，同样需要社会个体的点滴努力。

浮躁是一种情绪，是一种不可取的生活态度。人浮躁了，会终日处在又忙又烦的应急状态中，会脾气暴躁、神经紧绷，长久下来，会被生活的急流所裹挟。凡成事者，要心存高远，更要脚踏实地，这个道理并不难懂。

怎样才能克服浮躁心理呢？

1.在攀比时要知己知彼。

有比较才有鉴别。比较是人自我认知的重要方式，然而比较要得法，即“知己知彼”，知己又知彼才能知道是否具有可比性。例如，相比的两人能力、知识、技能、投入是否一样，否则就无法去比，硬要比，得出的结论也会是不实的。有了这一条，人的心理失衡现象就会大大减低，也就不会产生那些心神不宁、无所适从的感觉。

2.要有务实精神。

务实就是“实事求是，不自以为是”的精神，是开拓的基础。没有务实精神，开拓只是花拳绣腿，这个道理是人人应懂的。

3.遇事善于思考。

考虑问题应从现实出发，不能跟着感觉走，看问题要站得高、看得远，做一个实在的人。

总而言之，克服浮躁、脚踏实地、戒骄戒躁、不紧不慢，是我们改善自己的好方法。

你说行，那就行吧

独立的人格、自由的精神，历来是人们追求的一种理想的心理境界。但是，在现实中，独立和自由往往被“服从心理”所禁锢。

盲目地服从，让我们只能被动地接受别人的价值观念，虽生活在控制之中却不知道被控制，甚至有时会因为被控制而快活……

你可能会觉得上面的这些话有些危言耸听，“哪里会有人被控制而不自知的？”但是很多科学实验告诉我们，每个人其实都会很轻易地服从权威，做出一些违背自身意愿的事情。这种心态，在现实生活中叫“不得已”。

本不想卑躬屈膝迎合别人，但是上司要求，“不得已”；

本不想做一份不喜欢的工作，但是家人要求，“不得已”；

本不想和一个不喜欢的人谈恋爱，但是老妈要求，“不得已”。

……

这一个又一个的“不得已”，其实映射出了我们内心的“服从心理”。

从心理学的角度来看，“服从心理”是一个中性的词，并不属于“变态心理”或者是“负面心态”的范畴。

从猿人到远古的人类，然后到现代人类的发展过程中，人类都是生活在自己的种群、氏族、家族里。单独的人在野兽众多、危机四伏的自然环境中根本无法生存。所以，人类要在同类互相帮助的环境下才能生存。因此，“社会性”成为人类的天性。

所谓的“社会性”，就是心理学家荣格所说的“集体潜意识”，集体意识最重要的一点，就是让个人从属于团体，因此为了维系团体不因为意见不同而解散，人类就产生了“服从意识”。那些不愿意服从于集体的远古人类很难生存。

但是，对于现代人来讲，我们要意识到，“服从心理”具有一种不确定性。当你服从天使时，你就是天使；可是你服从魔鬼时，你也就是魔鬼。所以，我们的生活中，充满了在道德意识和服从“权威”（特指坏的“权威”）之间的挣扎，这也是对人性的最大考验。

如果一个人能清楚地认识到自己陷入了“服从心理”的怪圈，并积极地寻求改变，那么就说明他已经迈出了第一步。

只要有决心，你就会发现，克服服从心理并没有那么困难。其实在你的内心，有两个自己。一个在说：“我该自己拿主意，该有自己的想法。”而另一个则说：“我怕后悔，我怕担负责任。”因此，你的内心是矛盾的。

要想让自己从这种状态中走出来，就应该避免以下几点：

1.迷信权威。

权威不可能总是正确的，如果任何事都按照权威的建议去做，而不愿意主动思考，很容易把分析的方向弄错。

2.轻率概括。

缺乏独立思考能力的人，常常单凭一些道听途说的言论就得出结论。这不符合逻辑规范，因而很容易出错。

3.自欺欺人。

不能正确认识自己的能力，不能对自己的具体情况进行客观分析，按照固有思维去分析问题，无异于自欺欺人。

事实上，大部分人都会对自己的现在或将来充满忐忑，但你一定要鼓起勇气，亲自做出决定。

其实我很尊重你……

在现在这个社会中，很多人都相信：世故的要义是圆通，人缘的技巧是玲珑。凡尘俗世间，涨落涤荡，把人本性中的棱角渐渐磨去。生命的岸边，一眼望去，都是浑圆光滑的鹅卵石，人们美其名曰“成熟”。

于是，人们变得圆滑，开始学会为了达成某种目的，而刻意去讨好一些人。一时间，我们再也不知道自己说出口的赞美之词是发自真心的歌颂，还是怀有目的的奉承。所以，我们开始把“我很喜欢你”“我很尊重你”这样的话挂在嘴边，无节制地滥用。

王鑫最喜欢说的一句话就是：“我很尊重你。”

在和领导谈话的时候，他时不时地蹦出一句“我很尊重您”。领导当时自然是非常高兴，但是事后却不免暗想：把尊重挂在口头上说出来，是个啥心态呢?

在和同事聊天的时候，王鑫也总是强调“我很尊重你”。同事感觉这句话来得非常突兀，心想：正所谓无事献殷勤……他究竟想干吗?

动不动就说“我很喜欢你……我很尊重你……”就是有些在刻意地讨好他人，可能是因为人的奉承心理在作祟。所谓的奉承，就是人们常常说的“拍马屁”。

奉承心理是人类社会中的一种普遍心理，我们不能说这种心理完全是负面的，但是也不应该鼓励和发展它。

德国某杂志称，某大学心理学家们通过实验发现：空中小姐、售货员、推销人员都非常喜欢刻意地奉承别人。心理学家们据此认为，喜欢奉承别人的人，大都是那些需要压制自己真实情感并希望在人际交往中达成某种目的的人。

虽然，这个论断带有“职业偏见”，但不可否认，奉承心理有时是出于自私的目的。有的人是为了赚钱，有的人则是想要以小博大。爱奉承的人，他们往往不会在自己的事业上真抓实干，在业务上也不可能具有拔尖的才能，更缺乏优良的品格。因此，他们没有出人头地的资本，便会选择阿谀奉承，作为自己上位的手段。

我们不是不能赞美别人，只是要付出自己的真诚。为了赞美而赞美，是不负责任的奉承。若要掌握好赞美的度，应该注意以下几点：

1.思考之后再表态。

对别人的意见，不要不经思考地就表示赞同，要给自己一点时间，去真正思考他人的意见，而后再给出反应。

2.避免奉承别人。

人际关系不是固定的，如果你的实惠是通过溜须拍马得到的，那么如果想要保持现有的实惠，就必须重复自己的一系列行为。一旦你不愿意继续，就会适得其反，前功尽弃。可见，奉承就好像走钢丝一样，具有非常大的风险。与其花费精力拍马屁，还不如摒弃异想天开，踏踏实实地做好自己的工作。

3.不要虚伪地赞美。

对于那些不值得赞美的人，就不必去赞美。虚伪地赞美，会让你自己陷入无法摆脱的困境。千万不要为了赞美而赞美。

还不是为了钱加班吗

在工作中，动辄就谈加班费，动辄就说自己工作只是为了钱的人，其实都是在和公司讨价还价。

人之所以要讨价还价，是因为每个人的心里都有一个天平，时时刻刻在衡量“值不值得”，这是非常正常的，也是无可厚非的，但是问题在于，你是否真的知道，哪些事情是值得做的，哪些事情又是不值得做的呢?

事实上，很多人不知道自己应该做什么，结果值得做的事情没有做。而那些真正不值得做的事情却又做了不少。

周五的时候，经理对大家说：“由于甲方急着要设计方案，所以大家这个周末都辛苦一下，来单位加个班吧！”

陈新立马就问：“算加班费吗？”

经理笑着说道：“怎么？不算加班费你就不来了吗？”

陈新回答说："来工作都是为了钱嘛，加班费当然要问问喽！"

经理说："好，没有加班费，你明天不用来了。"

从陈新的角度讲，他认为如果不给钱就加班，那是不值得的，而在众目睽睽之下，"逼问"老板有没有加班费，是值得的。这是典型的本末倒置。

要知道，工作不仅仅是一种金钱的交易，更有一份责任和义务。我们虽然不能完全靠着责任心去工作，但是也绝不能单纯地为了钱而去工作。

在工作中动不动就谈钱，会给人留下一种胸无大志、唯利是图的印象，这会让你的职业生涯蒙上阴影，反倒影响了你的"钱途"。因此，我们一定要明白什么才是值得的，什么又是真正不值得的。

不值得定律是一个心理学概念，这个概念最直观的表述是：不值得做的事情，就不去做。这个定律看起来实在是再简单不过了，但是往往被人们滥用、错用。一个人，如果主观地认定一件事不值得做，往往就会体现出一种冷嘲热讽、敷衍了事的做事态度。在此情况下，做事的效率就会大打折扣。

避免不值得定律负面效应的关键，在于界定值与不值的界限。一般而言，这取决于三个因素。

1.价值观。

对于我们而言，只有符合我们价值观的事，我们才会满怀热情去做。体现在具体的事情上，比如说工作，就是我们一定要认清它除了获取金钱之外的其他重要价值。只有你认识到了工作的责任，才不会完全用金钱去衡量工作，避免说“还不是为了钱”这样的话。

2.个性和气质。一个人如果做一份与自己的个性气质有冲突的工作，是非常难做好的。这就告诉我们，如果工作的目的只剩下了钱，你真应该考虑一下，是否该换一份能激起自己激情的工作了。

3.远见。

很多事情，在现在看来是不值得做的，但是若干年后，你就会发现当初不值得做的事情变得非常有意义了。当然，等到若干年后再看出有意义，那就太晚了，我们一定要用长远的眼光、发展的眼光去看待一件事值不值得做。如此一来，可能你就不会觉得“不给钱就我让加班”是一件不值得做的事情了。

不要做金钱的奴隶，也不要什么事都用金钱去衡量。对个人来说，你应该有自己更高的奋斗目标，毫无保留地为之付出。正所谓“选择你所爱的，爱你所选择的”，只有这样才能激发起你的激情，不为外物所羁绊。

我付出的永远和收获不成正比……

很多人都爱抱怨“我付出的永远和收获不成正比”，不管是爱情、家庭和事业，只要他们觉得自己没得到理想的回报，就会觉得自己很委屈，就会抱怨为什么总是他们付出那么多，对方为什么不能回应给他们同等的收获。

方媛对同事说：“你看，我几乎每天都加班，就是为了能把工作做得尽善尽美，可是每次都得不到领导的认可，甚至被同事说成爱出风头、装勤快。为什么我付出的永远和收获不成正比呢？我为什么就是得不到应有的回报呢？”

同事心里暗想：“这人真是不知足，她加班，别人难道就闲着吗。总是觉得大家都对不起她，怨气太重了，以后还是离她远一点好了。”

一个人如果总是在抱怨“我付出的永远和收获不成正比”，

那么他就不是在付出，而是在不知满足地索取。这种贪得无厌，却要扯着一张大义凛然旗帜的人无疑是最让人厌恶的。因为你的怨念，暴露了你内心的狭隘。

然而，抱怨是最消耗能量的无益举动。

有一则古老的寓言或许能给我们一些启发。

一个年轻的农夫，划着一艘小船，给另一个村子的人们运送自己种的农产品。

有一天，天气非常热，农夫汗流浃背，非常辛苦。他着急地划着小船，希望能够赶快完成任务，以便早点回到家中。突然，农夫发现，前面有一只小船，正在沿河而下冲着自己飞驰过来。

眼见着两只船就要相撞，可是那只船并没有丝毫要躲避的意思，就好像是故意要撞农夫一样。

“让开，快点让开！你这个白痴！”农夫对那只船大吼道。

结果却没有丝毫用处，那只船还是撞到了农夫的船上。农夫非常生气，边抱怨着边走上了那条船。结果，他发现那条船上根本没有人。

在多数情况下，当你责难、怒吼的时候，你的听众或许只是一只空船，那个一再惹怒你的并不存在的人绝不会因为你的斥责而改变航向。

这就是可笑的抱怨心理，他不仅让我们变得焦躁。如果发生在职场，还会带来非常多的危害：

1.应付工作。

喜欢抱怨的人都认为自己的付出与自己所得到的回报不相符，所以他们常常会产生消极心理，认为自己的劳动只要对得住这份工资就好了。这些人在工作时肯定是不会用心也不愿意付出努力的，他们能偷懒就偷懒，能逃避就逃避，并且认为这是对抗老板最好的方法。

2.对上司产生抱怨的人，常常会选择做一些兼职。

他们认为既然从你这里得不到我想要的东西，那我也没有必要把全部精力都放在工作上了。他们会用兼职来弥补自己抱怨得不到的东西，长期处于疲劳状态，最终职业道路只会越走越窄。

3.时刻准备跳槽。

没错，这是抱怨者最常见的一种想法。喜欢抱怨的人根本就不知道什么是忠诚。他们认为自己当前的这个上司对不起他，所以他要找个地方赶紧离开。他们把眼下的工作仅仅是当个饭碗或者是跳板，时刻准备跳槽。但事实上，喜欢抱怨的人无论跳到哪都是职场的弃儿，很难获得成功。

钢铁大王卡内基说过：“总有人抱怨公司支付他的薪水不够

高，但是他从来没有想过，支付他工资的并不是公司，而是他自己的业务能力与工作表现。”

由此可见，无论是在好上司或是“坏”上司手下工作，喜欢抱怨的人是永远没有市场的。实际上，这样的人非但在职场中没有市场，在生活中也不属于那种受人欢迎的人。上司不喜欢抱怨者，所以，既然你身在职场，就该尊重职场的规则，停止抱怨，踏踏实实做点儿实事儿要比抱怨好得多。

哎，我这个人就是时好时坏的

生活在纷繁的尘世中，不是人人都能心想事成、随心所欲，产生各种好情绪、坏情绪都是正常的。

情绪是人类与生俱来的，喜怒哀乐，不用他人教就会，并且会伴随人的一生。好情绪让人自信快乐，是成功的助推器；坏情绪则让人自卑消极，是失败的导火线。人生中不顺心、不如意的事情常有，主要在于我们的心态，在于我们如何想、如何看。

有时候，我们似乎无法控制自己的情绪，刚才还好好的，瞬间心情就可能低落下来，连自己也不知道是什么原因。

朋友聚会上，一帮人正在兴高采烈地谈天说地。

一开始莉娜也非常积极地和大家聊天，可是过了一会儿，人们发现，她的脸突然沉了下来。大家都在想，是不是什么地方得罪了她呀，所以都变得非常小心起来，聚会的气氛也瞬间降至冰点。

终于，有人忍不住问：“莉娜，我们是不是什么地方惹你不高兴了呀？”

莉娜说：“没有啊，哎，你们不要管我，我这个人就这样，心情时好时坏的。”

人的情绪，不仅在短时间内呈现出非常大的波动，而且从长期来看，这种波动似乎呈现由高涨到低落再到高涨的周期性变化。这就是心理学界所说的“心理摆效应”。

通常来讲，心智不够成熟，不善于调节自己情绪的人，心理摆效应的表现就越是明显。

要想克服心理摆效应，就要有意识地记录自己情绪起伏的状况，以确定情绪变化的周期。按照周期性安排自己的事情，这样能够有效地避免因心理摆效应耽误重要事项。

调节情绪是一项生存的技能，也是一种智慧的挑战。只有找到好的情绪调节方法，才能掌控情绪、驾驭情绪。

每个人都要学会做一个“情绪调节师”，可以参考以下几点建议：

1.转移情绪法。

在工作和生活中，每个人都难免会遇到挫折和失误，自然也少不了烦恼或悲伤。因此，越不开心，越需要转移注意力，及时发泄情绪。如果与人发生争吵，不妨暂时离开，换个环境，换个心情。

2. 自我沟通。

写日记既可以与自己对话，找到问题的症结，又可以发泄一下自己的情绪。通过写日记来达到自我沟通的效果，是一种相当安全的发泄方式。

3. 发掘兴趣。

兴趣是让人保持良好心理状态的重要条件。一个人的兴趣越广泛，生活就越丰富，人也会活得越充实、越有活力，心理压力也就越来越少。比如，同一工作岗位上的两个人，一个觉得每天激情四射，一个却觉得枯燥无味，有激情的那个人必然是把工作当成了兴趣在做。

你要明白，聚散、苦乐都是人生的一部分。你不可能永远生活在激情、浪漫、刺激等理想的氛围中，如果对平凡生活状态总是心存排斥，心情难免就会大起大落。

总而言之，就是要用一颗平常心去对待自己的生活。别总是奢望不平凡的际遇发生在自己身上，因为奢望带来的往往是巨大的失望，会让我们的心情难以平复。

05

沟通要有应变力

在关键时刻化解所有问题

面对刁钻问题，这样回应最巧妙

在演说时，我们经常会遇到一些固执的听众。

为什么说他们固执呢？因为，他们经常会不断地提出一些刁钻古怪的问题，让我们措手不及。当然，他们也许并非故意为难我们，只是有的人喜欢刨根问底，有的人喜欢标新立异，仅此而已。

不过，那些刁钻古怪的问题确实会让我们头痛。

假如在演说的过程中，我们碰巧遇到这种状况，通常的解决方法是：保持风度，不要因为与听众据理力争而忘记所在的场合，以及自己演说者的身份。我们的行为，必须与演说者的身份相匹配。而听众们也往往更喜欢礼貌谦和、以君子之风待人的演说者。

对演说者来说，遇到听众提出刁钻古怪的问题的情况总是在所难免，所以不必为此担心。无论听众是故意刁难还是真的有不同观点，只要学会巧妙应对，就不会影响到演说的效果。当然了，如果不会巧妙应对，那么遇到这种情况时，演说者可能就会很难堪了。

有个同事，在参加员工大会时，因为被评选为优秀员工，所以应邀上台做了一个简短的演说。那是他第一次登台演说，所以有些紧张不安，更糟糕的是，演说进行到一半时，一个和他一起竞选优秀员工却失败了的同事因为心生妒忌，突然发难。

那位同事问："你觉得自己有资格被评为优秀员工吗？"

台上的演说者瞬间愣住了，脸涨得通红，不知如何回答这个问题。而台下的其他同事也都愣住了，他们望着演说者，静悄悄地等着他的回答。这时候，演说者更加紧张了，他憋了半天，最后只能语气僵硬地回了一句："我能不能拿奖，不是我说了算，也不是你说了算！"

这个回答能有什么用呢？它显然不具备任何说服力。更糟糕的是，这还影响到了演说者接下来的发挥。

这就是不能巧妙应对刁难问题的痛苦——往往一个无关紧要的问题就能让演说者从云端跌到地上，摔得遍体鳞伤。所以，演说者一定要把应对刁钻古怪的问题当成必修课，学会用自己的方法，化危机于无形。

那么面对刁钻古怪的问题，我们要如何回答才能做到恰到好处呢？

1.快速判断出这个问题的属性。

如果这个问题与演说主题以及现场听众无关，那么就可以礼貌地告诉对方，演说完之后可以私下讨论，不能耽误其他听众的时间。一般来说，这种处理方式最为稳妥，现场听众也都能理解和支持。如果提的问题与演说主题有关，但却在演说者专业领域之外，演说者完全没有涉足过，那怎么办呢？有些演说者会认为，如果演说时承认“不知道”，那么听众就会失望，演说效果会大打折扣，所以他们经常会以装懂的态度来忽悠听众。这其实是一种最笨的临场反应。如果不懂，不能不懂装懂，要诚实回答，真诚地告诉听众自己知道什么，不知道什么，听众会谅解的。另外，真诚对待听众，也是一种礼貌。而如果听众提的问题在演说者的专业领域之内，也有几种好的应对方法。

2.借力打力，集思广益。

演说者可以先真诚鼓励提问的听众，然后让其针对自己提出的问题，说说个人见解，分享给在座的其他听众。这样一来，演说者就可以很轻松地用借力的方法，把这个难题给抛回去。演说者还可以用转移法。在听众提出刁钻的问题后，演说者可以先说明一下这个问题的新意，然后询问现场听众谁愿意就此问题分享自己的看法。如此既能活跃现场气氛，也能为自己争取思考时间。

如果这些方法都不管用，提刁钻问题的听众还是纠缠不清，一直重复提问，那演说者可以这样做：告诉他，很欣赏他的勇气，但时间有限，可以留下联系方式，私底下交流，不要影响演说。其实，听众的问题有多刁钻并不重要，重要的是演说者要怎样将这些问题灵活妙用，调动起演说现场的气氛。

用反问的方式回应别人的挑衅

从人类出现开始，人与人之间的关系就非常复杂。有些时候，人与人之间的关系是友好和渴望互相合作的；但也有些时候，人与人之间的关系是针锋相对，甚至是尖锐到想要让对方难堪的。因此，有时候我们不得不面对一些挑衅。我们很多时候需要守住“不主动挑衅别人，但是也不畏惧任何人的挑衅”的底线。“自卫反击”让对方不敢再挑衅是我们要达成的目标。那么，要以什么样的方式面对挑衅呢?

反问其实就是回应挑衅的最佳方式。以反问回应挑衅，不仅能将尴尬的难题抛给对方，让对方站在你的立场上进行思考，反思自己的所作所为究竟是不是正确的，反思自己的立场是否能够站得住脚。一旦带乱对方的节奏，就会使其陷入逻辑混乱的状态，从而让自己避免陷入尴尬状况。不过如何反问也是一种技巧，并不是谁都能够掌握的，而且这对于使用者本身的能力也有一定的要求。下面，我们就来说几种以反问回应的方式。

1.原话反问，让其自己反省。

这是用在对方挑衅你、指责你的时候，让对方看看自己的行为是否合适。

小文是某科技网站的编辑，经常评测一些电子产品。如今，电子产品已经成为家家户户必不可少的东西，特别是很多年轻人都有自己喜欢的品牌，是某个或一些品牌的粉丝。而小文在进行评测的时候，难免就会对其中一些产品做出负面评价，所以遭遇粉丝攻击也就成了家常便饭。

一次，小文在评测了某品牌耳机的样品之后，遭到了该品牌粉丝的攻击："没有拿到成品，也就是说还没有彻底了解这款产品，这个评测一点儿都不客观，你该是收了竞争对手的钱吧？"

小文忍无可忍地反问道："您对我也没有彻底的了解，然后就对我做出了评价，是不是也收了竞争对手的钱呢？"对方不服气地说："我有言论自由的权利，我没有骂人，想说什么就说什么。"小文再次反问："难道我就没有言论自由了吗？"遭到小文的两次反击以后，对方再也没有挑衅过。

这个时候其实这个主动发起挑衅的人已经陷入了逻辑混

乱——如果他否定小文的观点，那么也就间接否定了自己的观点，于是只能灰溜溜地闭嘴了。

2.巧妙类比，让对方闭嘴。

类比是人们常用的修辞方法。在小学的时候，每个人都会在语文课上学习相关的知识。

世界上总有一些让人不满意的事。作为一名消费者，在厂商夸大其词，或者没有兑现承诺的时候，难免会有些微词。可一旦有人表示批评，就会有其他人表示："人家已经很不容易了，即便没有兑现承诺，也不应该受到这样的批评！""说得这么好，你怎么不去生产呢？"……面对这些说法，人们想出了无数经典回答："难道我嫌鸡蛋不好吃，还要自己去下蛋？""我觉得我家的空调制冷不行，我要先去学制冷？"

无论是一个人、一个团体，还是一家公司，在表现得不尽如人意的时候，总是难免会受到批评。批评者未必要在这一领域达到他所要求的高度，因为每个人的社会分工都是不同的，"你觉得他不行，那么你怎么不去做"这种言论愚蠢至极。

3.让对方来回答问题。

挑衅别人的人，往往自己并没有击败对方的能力，拿不出比对方更好的方案。如果有，也不必使用挑衅的手段来打击对方，可以直接去做。例如，在一次会议上，你拿出了一个方案，却遭到竞争对手的挑衅，你大可以反问他说："那么对这个问题，你有什么更好的方法吗？"相信在这个时候，对方并不是胸有成竹的，就算勉强拿出一个方案，也必然存在着缺点，所以你想要击败对方也不是太难的事情。对方可以从你的方案中找到不足，你同样也可以。

被人挑衅是一件非常令人窝火的事情。我们适时地将问题抛还给对方，既能避免自己尴尬，又能给对方一个教训，这是一个非常高明的回应套路。

运用顺水推舟法，处理意外有奇效

在演说中，我们经常会犯些小错误。比如，我们可能会因为紧张，不小心出现口误；也可能会因为紧张而脑子里一片空白，忘了准备好的演说内容；还可能会因为无法掌控情绪，而失去了演说者的风度……总之，在演说台上，任何意外都有可能发生。

除了练好基本功，降低意外发生的概率，我们还要学会用技巧应对意外。一般来说，演说者最容易掌握的，是顺水推舟法。使用这种技巧可以让小意外自然而然地被掩盖过去，尽可能降低其对演说的影响程度。

我们知道，演说中的意外包括各种情况。外部因素姑且不论，因为如果发生不可抗力导致的意外，就很难扭转，我们只能顺其自然。但若因自身问题而发生的意外，那就另当别论了。

事实上，在很多时候，顺水推舟法都能让我们巧妙化解因自身问题而发生的意外。

我们来看看哪些意外容易出现。

如果演说者在演说的过程中，说漏了字或者说错了字，那么不要紧，这些都是无伤大雅的小意外，在一般情况下可以直接忽略。刻意纠正，反而会弄巧成拙，甚至引起听众的反感。

如果我们不小心犯了常识性错误，那就必须纠正了，否则就是不尊重听众。当然了，我们纠正时可以用幽默风趣的方式，如此就不会显得刻板了。

有一次，著名的相声演员马季到湖北省黄石市演出。在他前面有位演员，演出时因为口误，把“黄石市”错说成了“黄石县”，这引起了台下观众的不满。马季发现了这个错误，表演时张口就说：“今天，我们有幸来到黄石省演出……”

这时候，台下的议论声更大了，观众都在纳闷：难道这位著名的相声演员也会犯如此低级的错误吗？

马季不慌不乱地解释说：“刚才，我们有位演员把黄石讲成了县，降了一级，我自然要说成省。这一升一降，就扯平了！”听众们这才反应过来，不由得鼓起掌来。

马季用顺水推舟的方法，不动声色地化解了口误带来的尴尬，还给当地听众戴了顶高帽子，可谓高明至极。如果刻意纠正，会出现什么局面呢？可想而知！

还有一种意外，是演说者忘词造成的，即讲完一段后忘了接下来该讲什么。这个时候，我们的脑子里一片空白，那该怎么办呢？考验演说者应变能力的时刻来了。此时，我们可以用以下方法。

1.顺着之前的演说，适当抛出问题，与台下听众展开互动。

借此空档，我们可以让自己冷静两分钟，认真思考，如果可以记起来，那么互动结束后就继续演说。如果实在想不起来也不要紧，互动结束后可以巧妙地跳到下一个环节，这也不失为一种策略。

2.适时地插入一个无伤大雅的笑话。

这也不失为一个缓冲的好策略。一般来说，在缓冲期间，我们很容易记起自己要讲的是什么。因为很多时候，稍微放松一下，我们就会记起烂熟于心的演说内容。

需要注意的是：在演说过程中，我们千万不要因小失大，不能对一个小小失误耿耿于怀，以致影响接下来的演说。作为演说者，我们需要明白：每个人都有可能会犯错。既然错误无法避免，那么当它出现时，不妨试着顺水推舟，让错误变成“美丽”的错误。

谈合作比讲道理更能打动人

人与人从陌生到熟识，最重要的就是沟通。沟通能够让其他人不断了解我们，也能够让我们不断了解别人。正是有了沟通，人们才能在一件事情上达成共识，才能达成合作的关系。沟通是人与人交流最基本的方式，也是最有用的方式。我们需要沟通，与我们的朋友，与我们的生意伙伴，与我们的家人，甚至是与陌生人。

沟通有多种多样的方式，好的沟通方式能提高你的沟通效率，因为我们不可能有充足的时间去面对每个人。高效沟通能够让你在有限的几次见面中与对方达成共识，并取得对方的信任，进而发展成更加稳固的关系。而低效沟通只会浪费你的时间，让双方抽出时间进行的沟通毫无作用。所以，我们要不断改进沟通方式，提高沟通效率，才能减少时间的浪费，真正把握住难得的机会。

那么，什么样的沟通方式才是高效的呢？

按照我们接受的教育，讲道理是符合普世价值的沟通方式。因为如果是没有道理，那一切说法就都站不住脚。而想要让对方对你心悦诚服，用道理说服对方也是最为稳妥的方式。但是从效率上来说，这其实是一种比较低端的方式。

我们要讲道理，那么道理是从哪里来的呢？每个人都有属于自己的道理，这种道理来自我们的价值观、人生观、世界观，甚至是历史观。正是这些观念，组成了一个人全部的思想，也成了道理的根基。想要用你的道理去说服别人，就等于去改变对方部分，甚至是全部的观念。这是一件非常困难的事情，极少有人能够在短短几次见面中就改变对方在人生几十年来形成的观念，绝大多数人要做到这件事情，需要花费大量的时间和口舌。我们之所以不推荐讲道理这种方式，是因为即便这件事情是可以做到的，也是性价比较低的一件事，而且收益也不稳定。

我们所推崇的沟通方式，是谈合作。

合作究竟有着怎样的魅力呢？我们来看个例子。

小燕一直想要成为一名出色的糕点师，她的梦想是将来开属于自己的糕点店，并且将其变成遍及全国的连锁店。如今，她已经拥有了自己的店铺，而白手起家的她获得的第一桶金，就是靠合作得来的。

当时小燕在一家当地颇有名气的私人糕点店做学徒。这家糕点店的商品非常传统，老板的手艺也非常精湛，而精湛的技术正是小燕所缺少的。在一段时间的学习以后，小燕将她学到的技术融入网络上正流行的甜品中，制作出了几样全新的甜品。小燕对于自己的甜品信心满满，但是此时她并没有开店的资本，所以她想要在做学徒的那家私房糕点店里售卖自己的创意甜品。

然而，她的想法遭到了老板的反对，因为老板认为他的店铺是以出售传统糕点为主的，若小燕的作品进入他的店里，会非常不和谐。小燕尝试说服老板——传统糕点虽然仍有市场，但是新兴糕点的出现已经是大势所趋，越来越多的年轻人更愿意尝试新的东西。但老板对于小燕的说法嗤之以鼻，始终不肯同意。就在这次沟通即将失败的时候，小燕灵机一动，对老板说，店里还有一块闲置的空间，如果允许她摆放一个柜台，那么她愿意为此支付租金。老板觉得这样的话还可以接受，考虑了一下，便同意了。

事实证明，小燕的想法是正确的，她的新产品获得了年轻群体的认可，在口口相传之下，很快就积累了一部分忠实客户。

老板也对这次合作非常满意，因为那些年轻人在购买小燕的糕点时，往往还会带上几样店里其他的东西。几个月以后，小燕再次与老板谈判，她的柜台为店里带来了大量人气，也拉动了店里传统糕点的销量，她不想继续交租金了。老板这次爽快地同意了。就是凭借着与老板的这次合作，小燕很快就赚得了自己店铺的本钱。

从小燕的故事中，我可以学到两点。

1.合作，并非将利益拱手让人。

任何一次合作都是建立在双赢之上的，双方都有收获，这样才算得上是真正的合作。

2.合作是一种共赢。

如果想要让沟通达到高效，那么就必须在短时间内拿出吸引对方注意力的东西，拿出足够打动对方的条件进行交换，达到共赢的目的。

我们在人际交往的过程中，如果对方是能够长期来往的人，不妨讲讲道理，只要道理能够说通，那么就可以一劳永逸。如果时间并不那么充足，或者是非常需要抓住的机会，那么拿出你合作的诚意，并提出诱人的条件，这样能更好地进行沟通并达成你的目的。

容易心软的人要学会拒绝

生活中，很多人都不好意思拒绝别人。对于容易心软的人来说，更是如此。

如果你在该拒绝的时候不懂得拒绝，轻易承诺了自己不愿意或是不能履行的约定，最终只能让自己自食其果，还可能耽误别人，给别人造成困扰。所以，在必要的时候说“不”，才是明智之举。

笑笑最近很苦恼，因为她不知道如何抉择。笑笑在大学期间谈了一个男朋友，二人感情非常好，约定在大学毕业三年后结婚。但是，笑笑的父母并不知道她已经有了男朋友，就在她回家的时候给她安排了相亲。笑笑告诉父母自己有了男朋友，但是父母了解过笑笑的现任男朋友的条件后，就建议笑笑再跟别人接触一下。

笑笑从小就非常听话，见父母这么坚持，不想让父母难过，就去相亲了。见面过后，虽然笑笑对对方并没有什么感觉，但是她不习惯说别人不好的话，只是保守地回了一句“还可以”。结果这让父母误以为她喜欢，于是很快就安排了第二次见面。笑笑见父母这么积极，这才意识到父母对自己的男友并不满意，而男友也从别人那里知道笑笑在相亲，为此很生气。笑笑这才重视起这件事，并且很苦恼，不知道怎么拒绝父母的安排。

后来，笑笑听取了朋友的意见，详细地对父母说明了自己的想法及与男友关于未来生活的计划，并对父母说：“我知道你们是为了我好，但是我已经长大了，我也明白自己真正想要的是什么。请你们放心，我会对自己负责的。所以，你们让我自己来选择吧。”这是笑笑长这么大以来第一次没有“听”父母的话，笑笑也从此明白了拒绝的真正含义。

笑笑因为担心自己的拒绝会让别人不开心，所以宁愿委屈自己也会听从父母的安排，但这么做却可能伤人伤己。幸好，笑笑在中途领悟了“拒绝”的含义，懂得了拒绝并非伤害的道理，才能勇敢地对父母说出自己的想法，抓住自己的幸福。

其实，拒绝并没有想象中的那么难，关键就在于，我们是否有勇气说出那个“不”字。然而，生活中总是有一些软弱、虚荣的人，或是因为怕伤害别人，或是为了保全自己的面子，而答应一些不合理或者是自己不可能完成的要求，到最后因为各种原因而没有实现自己的承诺，不仅惹得别人不高兴，也让自己痛苦。

有个女孩的父母因为事故而双双罹难，自此，女孩跟着姑姑生活。为了培养孩子，姑姑倾其所有，给了孩子最好的教育。终于，女孩如愿以偿地进了一所著名的大学。进大学后，女孩开始了半工半读的生活，并希望自己能够赚取更多的钱来回报姑姑。

女孩赚到了第一份工钱后非常高兴，就想送自己的姑姑一件礼物。于是，她对自己的姑姑说："姑姑，我想送你一件东西，你需要什么？"姑姑听后，仔细想了半天，告诉女孩自己想要一家连锁珠宝店的一套首饰。

女孩听到姑姑的答案后，就有些担心首饰的价格太高，不知道自己是否会负担得起。但是，女孩还是一口答应了下来。后来，女孩去珠宝店看过首饰后，才确切地认识到，自己真的承担不起这一套首饰的费用。女孩不想买，但是想到姑姑的养育之恩，却无论如何也说不出拒绝的话。于是，女孩向自己的同学又借了一笔钱，给姑姑买了首饰。

姑姑收到首饰后，并没有女孩想象中的高兴，只是点点头收下，就不再说什么了。而后，女孩为了还钱，更加努力地打工。终于有一天，女孩的同学需要用钱，来找女孩要钱，女孩没有办法，只得找自己的姑姑，向她说明了情况。

女孩的姑姑听完，立刻把钱给了女孩，说："我等你这句话等很长时间了。你应该记住这个教训：要懂得拒绝别人。你明知道自己没有钱，为什么答应要买那么贵重的礼物给我？为什么不直接对我说'姑姑，我没有那么多钱，我可不可以给你买其他的礼物？'如果当时你拒绝了我，是不是就不会有现在这样尴尬的局面？其实，对于生活中好多的事情，我们都要敢于拒绝。孩子啊，你一定要学会说不！"

姑姑用生动、直接的方式给女孩上了难忘的一课，告诉女孩如果不懂得拒绝，并一味地迁就别人，只会让自己被束缚。世界上没有超人，每个人的能力都是有限的，你不可能满足所有人的需求。虽然我们都希望自己做一个宽容大度、落落大方的人，但这并不意味着我们必须答应做一些我们做不到的事情。

据调查发现，不懂得拒绝别人的人，他们的意志力比懂得拒绝的人更加脆弱，他们在生活中和工作上更加容易受到其他人的影响。当然，拒绝是有一定的原则的。因为无论什么样的拒绝，都可能会伤害到别人，甚至包括自己。

1.拒绝要合情合理、有理有据。

在拒绝别人时要尽量摆事实、讲道理，告诉对方不能答应他们请求的理由，让他们明白你的为难之处，让对方看到你进退两难的处境，让对方不忍心再责怪你。这样一来，你的拒绝就容易得到别人的谅解。

2.借他人之口。

借他人之口予以拒绝，也是最有效的方式之一。比如，当有人来邀请你跳舞时，就可以告诉对方你已经有舞伴了，这既不会让人家面子无光，又不必勉强自己做一些不喜欢的事情。

但是，要注意的是，无论以何种方式、借口、理由拒绝别人，前提都是不能伤害对方或者是第三方的利益。

有智慧的人在选择理由时，应当选择那些与自己相关、比较真实又能够把握的理由，这样才能防止自己的理由出现纰漏。总之，无论是什么样的拒绝，都应该谨慎小心，以免造成不良影响。

为别人打圆场的人最贴心

当人们由于一时的糊涂或不小心，而让自己或别人陷入一种尴尬的境地时，心里肯定会感到非常难堪、紧张，甚至会紧张到忘记了如何说话、办事，恨不得有个地缝儿能让自己钻进去。所以，这时如果有人肯主动出来帮助解围，当事人必然心生感激。

比如，一家服装公司因为产品出了质量问题，有很多经销商堵在公司门口，希望能找到经理要个说法。当地记者知道这件事后，也纷纷到该公司进行采访。大家都被堵在公司门口，进不去。

后来，正巧经理秘书丁晓云路过此地，被别人认了出来，于是记者和经销商就向她询问情况。丁晓云本来害怕自己承担责任，正打算让记者们去找经理时，突然转念想到：这是一个机会，一个展现自己的最佳时机！她得挺身而出，维护领导的面子和威信。

于是，丁晓云改了主意，邀请了几位记者和经销商代表来公司面谈，并对他们说："发生这样的事情，我们公司真的感到很抱歉！我们领导非常重视，已经去下面的工厂寻找原因和补救措施了，好几天都没有回过公司了。请大家放心，一旦有结果，我们领导肯定会给大家一个说法的。"

这件事后来得到了很好的控制，丁晓云也维护了自家领导的面子和公司的荣誉。虽然事后领导明面上并没有表示什么，但是他心中有数，不久之后，"护驾有功"的丁晓云被提拔为公关部的经理。这件事值得我们深思，如果当时丁晓云没有担当或没有眼力价，让记者们直接去找领导了，肯定会让领导感到很尴尬，肯定就没有后来的机会了。

所以，遇到类似的情况，不管与我们是否有关，如果我们能帮别人一把，就不要退缩，因为不知道什么时候我们就会需要别人的帮助。当然，我们在帮助别人打圆场时，也要注意一个问题，就是要做到不偏不倚，要让双方都觉得我们没有任何的偏向。否则，我们的圆场恐怕就是火上浇油，还不如不说。

章女士是一家川菜馆的老板。一次，一位中年妇女点了一个自己爱吃的辣子鸡丁。可是，由于菜比较辣，又有些烫，这位女士呛着了嗓子，拼命地咳嗽了一下。结果，对面的顾客火了，“呼”地站了起来吼道：“你怎么回事？咳嗽了我一脸，我还要不要吃饭了？”

中年妇女也被自己的不雅之举惊呆了，赶紧向对方赔礼道歉。待自己缓过神儿来后，又马上对着老板章女士喊道：“你们的辣椒怎么这么辣？我明明说过少放辣椒的，你干吗还放这么多辣椒？”章女士听后马上询问伙计，伙计很委屈，说他并没有放多少辣椒。

不过，章女士还是赶紧打圆场，对着厨房大手一挥：“算啦！再重新给这两位顾客炒个菜，饭钱都免啦！”顾客这才平静下来，表示接受。

我们一定要记住，打圆场的目的是消弭怨气，而不是让气氛越来越尴尬。虽然化解尴尬、怒气的方法有千百种，但是具体选择用什么方法为别人打圆场是因人而异的，也要视当时的具体情境而定。

1. 转移话题。

当尴尬的话题出现时，如果是由于自己说话不当造成的，就应该及时住口，并试着改说一些轻松愉悦的话题，但是不要转移得太生硬；如果是对方引起的尴尬，就应该大度一点，不要计较对方的一时口误，同时也可以试着转移话题，扭转这种尴尬的局面。

2. 给予正面、精彩的回击。

如果你碰到别人故意的挑衅，这时候就不是转移话题这么简单了，因为这样做只会让对方更加得意，显得自己比较懦弱。最正确的做法是，给予对方正面的回击，在保全自己尊严的前提下，又能灭对方的威风。

3. 用温婉的语气来化解怒气。

面对别人的怒火、有心刁难，无论当时的争吵有多激烈、气氛有多尴尬，聪明人在打圆场时都会注意自己的语气和措辞，尽量让自己说出口的话是一个灭火器，而不是导火索，或者是加大火势的汽油。

总之，每个人都有自己的“雷区”，懂得说话的人在说话时会尽量避免触及这些话题。无论何时，在开口前都会把要说的话在脑子里过一遍，以免徒增悔恨。

听众唱反调，必须清醒应对

在演说中，你可能会遇到各种突发情况。比如，在你阐述完自己的观点，调动起听众的情绪后，他们可能会产生自己的想法。如果他们的想法刚好跟你的相左，他们可能会当场反驳你，当众跟你唱反调。

这个时候，一定不能紧张。因为一旦紧张，听众的唱反调就会扰乱你的思绪。那应该怎样做呢？你要微笑着聆听听众的想法，以示对他们的尊重。在这个过程中，你还要抓住对方的话语漏洞，想出应对之策。

一般来说，唱反调的听众分为两种：一种是真心想与你探讨观点的人；另一种是单纯想挑战你的权威的人。你首先要分析他们究竟是属于哪一种人。

如果是前者，那么在交流时，你一定要迅速找出双方观点的不同之处。找出不同点后怎么做呢？你可以将这个不同点作为自己演说内容的扩充。如此，在接下来的演说中，你既可以做到尊重听众的想法，又可以增加演说的论点，既化解了矛盾，又提高了演说的质量。

而对于后者，你则需要用一种尖锐的幽默来化解矛盾。既要有自己的气势，又不能让现场变得剑拔弩张。

在一次演说大会上，诗人马雅可夫斯基做了一场精彩的演说。在演说过程中，一个听众忽然挤到演说台上，大声吵嚷："我提醒你，拿破仑有一句名言——从伟大崇高到荒谬可笑，其间只相差一步。"

这时候，马雅可夫斯基既没有惊慌，也没有后退，而是微笑着对那个听众说："不错，从伟大崇高到荒谬可笑，其间只相差一步。"此时马雅可夫斯基和那个听众之间的距离，正好是一步。现场其他听众一目了然，全场一片哄笑声，掌声雷动。

马雅可夫斯基用这样幽默机智的方式化解了一场即将发生的干戈。

无论是哪类听众唱反调，我们一定不能输了气场。因为作为全局的掌控者，我们必须成为现场气氛的调和者，必须坚定地站在听众面前，而不是被听众牵着鼻子走。

在这里，要强调一下：如果听众只是提出自己的不同观点，而不是蓄意挑衅，那就一定要柔和对待。否则，听众会心生反感，我们的演说也会受到影响。演说的目的是获得听众认同感，在不能得到听众的认同时，无论我们如何反驳，都处于被动地位。即便我们的观点正确，与听众的争论，也会影响原本和谐的氛围。也许争到最后，听众会拂袖而去也未可知。

所以，柔和对待是最佳应对策略。我们可以顺着听众的观点，找出其中不成立的地方，微笑着提出不同看法。记住：不要奢望听众的观点完全跟我们的相同。很多时候，他们的观点也许更加精彩。认真听取听众的意见，用心思考，耐心解答，对我们来说也是一种进步。万一解答不了，微笑着要求私下讨论，也不失为一种好策略。

其实在大多数时候，我们是可以迅速而巧妙地化解这种唱反调的尴尬局面的。这种应对能力也是演说者所必备的素质。演说者需要思维敏捷，临场发挥能力出众。把可能发生的矛盾消弭于无形之中，是演说者的最高境界。

昆虫学家法布尔曾为了养家糊口，不得不在创作之余做些零工，比如打扫庭院、担任家庭教师等。因为这个原因，有些人看不起他。

有一次，有个报社记者采访法布尔，当众刁难他。报社记者知道法布尔当时经常帮房东打扫庭院，就问道：“法布尔先生，您身为著名的昆虫学家，为什么还要帮人打扫庭院呢？听说您还做过家教？这些零工不太适合您吧？我认为，您还是应该把所有时间都用在研究上！”

众目睽睽下，法布尔被人揭短，却一点儿没有生气，而是微笑着说：“亲爱的记者先生，您的意思是不让奶牛吃草，却要奶牛把所有时间和精力都放在产奶上？您要知道，奶牛不吃草料是不可能挤出牛奶的。对我来说，生活是草，创作是牛奶，而打扫庭院、做家教这些工作都是我的生活，没有生活我又怎么创作呢？所以，为了创作，我还是会继续做这样的工作！”

周围的听众鼓起掌来。

可见，在演说中，巧妙的回答往往能起到绝佳的效果。

1.微笑回答。

任何争执、逃避，都可能给听众留下不良印象。我们可以用巧妙的语言，微笑着予以反击。很多时候，回个软钉子，反而能让唱反调的人不知所措。

2.相信自己，保持清醒。

演说台上总会发生各种意外。怕什么呢？以不变应万变。保持清醒的大脑，所有的问题就不再是问题了。

很多时候，通过巧妙处理，听众的唱反调行为还可以被我们利用，成为活跃现场气氛的工具。

盛怒之下更要注意自己的言语

友情、亲情和爱情，是人类美好的情感体验，构成了人与人之间的亲密关系。拥有成熟亲密关系的人，生活更幸福，内心更充实，更容易感知周遭的正能量，更少感到忧郁和孤独。

若问什么样的人擅长建立持久的亲密关系？你可能会想到，那些人都是善良、热情、慷慨、温柔的好人；也可能想到，他们都是有心计、知进退、懂礼节的聪明人。这些都不假，那么什么样的人最难维持持久的亲密关系呢？与刚才提到的那些人相反，内心险恶、斤斤计较、内向冷淡、不懂怎么讨人欢心、脾气不太好的人是不是必然就易伤害亲密关系呢？

消极的性格确实会给亲密关系的构建带来困难，但并不一定会导致人们易伤害亲密的家人、友人和伴侣，因为在长时间的共处和交往中，有瑕疵的人也能找到自己的幸福，俗话说

“萝卜青菜，各有所爱”就是这个道理。真正能起到“一击必杀”效果的恶习其实是——口不择言，出口伤人。

胡佳是个热情豪爽的妹子，优点很多，比如聪明、勤快、上进、多才多艺等。缺点也有，但不多，对她生活工作影响最大的一个问题就是脾气急，脾气一急起来便口无遮拦。这个缺点给她的生活造成了很多麻烦，让她很难和周围的同学、同事变成更进一步的好朋友。

大学时代，胡佳跟同宿舍一个叫张玫的女同学关系很不错，俩人都是大大咧咧的直肠子，平时一起上课，一起吃饭，也一起出去逛街，友情像一棵小树苗那样慢慢长大，但这份美好的友情却因为一件小事彻底画上了句号。

这还要从张玫的身世说起，张玫是个苦孩子，她很小的时候母亲因为嫌弃她父亲穷，带着她的哥哥改嫁到外乡了，从此杳无音讯。张玫的爸爸受了极大的刺激，进城打工常年不回家。她跟着年迈的爷爷奶奶一起生活，懂事要强的小张玫没有因为失去父母的爱而放弃努力，她经受着一般孩子难以想象的苦难，在繁重劳动之外还刻苦学习，最终以优异的成绩考进了城里的大学。她很珍惜自己和胡佳的友情，把胡佳当作姐姐一样信赖。

情人节这天，胡佳的男友送给胡佳一个非常精致的八音盒，她把这个价格不菲的宝贝放在宿舍，抱着一大束红玫瑰就跟男友出去吃甜蜜晚餐了，吃完饭俩人又去KTV通宵唱歌，到了第二天早晨才意犹未尽地返回宿舍。

打开门进到屋里，舍友们都出去吃早饭了，没有人在。胡佳忍着强烈的困意，想再摆弄一下那个没来得及细看的八音盒，却发现走时放在桌上的八音盒不见了。她环视四周，发现八音盒就躺在张玫的床上，她想一定是张玫拿着玩来着，便走过去想拿回来。但她拿起来才发现，八音盒已经损坏了，明显是被摔过。精致的玻璃表层被摔碎了，里面的簧片和木头都摔了出来，她轻轻一提，那些破碎的部分就哗啦啦掉落在张玫的床上。胡佳感觉自己的脑袋“嗡”地一下，怒火冲上头顶，她真想立刻把张玫揪出来大骂她一顿。

正在这时，张玫和其他四个女孩吃完早饭都回到了宿舍，一进门就看见胡佳抱着八音盒的残骸坐在自己床上。她快步走过来似乎想解释什么，但胡佳突然狠狠地将八音盒的残骸砸向她脚下。这一扔吓呆了在场的其他人。

紧接着，胡佳声色俱厉地对张玫吼道：“你的家人没教过你别人的东西不能随便动，是不是？我怎么得罪你了，你要把它摔坏？你知道这个八音盒是多少钱买的吗？这是我男朋友从法国给我买的，摔坏了你赔得起吗？我真没想到你是这种忘恩负义的人！从今天起，我胡佳不认识你张玫！”

她话音刚落，站在一旁的李娜就冲上来说："胡佳你瞎说什么呢！八音盒不是玫玫弄坏的啊！隔壁宿舍的张珍昨晚上过来找你，见你不在就拿起这个八音盒玩，失手摔在了地上。当时玫玫人都不在屋里，后来她回来了打着手电找了一个小时才把所有的碎片捡回来，她想给你拼上，你这么说她，你……你才是忘恩负义！"

胡佳张大了嘴巴愣在原地，她想喊张玫，却看见张玫满脸的泪水和悲伤欲绝的表情。张玫没有说话，转身走出宿舍，其他的女孩都跟着她出去了，留下脑袋昏昏沉沉的胡佳站在原地。看着满地八音盒的碎片，她知道自己犯了无法挽回的大错，比法国八音盒更珍贵的友情就在她的暴怒中碎掉了。

人在盛怒之下最本真的条件反射就是尽量用重话、狠话来攻击对方，舌头柔软无骨，却能说出比利剑钢刀更伤人的语言。如果放任这种破坏性冲动，对激烈的负面情绪不加克制，说出去的话就如泼出去的水，覆水难收，恶语造成的伤害不可能通过一句"对不起"轻易抚平。

人际交往中，别人喜欢或者讨厌你，跟你亲近还是疏远，是由你的社交水平、品位及为人处世的方法所决定的。也许你是个外表靓丽的人，你学识渊博、能言善辩、谈吐不凡，可是仅仅拥有这些，也不一定让你成为一个受欢迎的人。

因词不达意、语言尖刻抑或“刀子嘴豆腐心”而惹人生厌者比比皆是，不管你本身是个多么好的人，得到一段长久的亲密关系都比登天还难。

为避免出口伤人损害与他人的亲密关系，你必须做到：

1.杜绝语言暴力。

说话前三思而后“语”，别拿“心直口快”当优点，想到什么说什么的是婴幼儿，成年人应该有最基本的加工、修饰语言的能力，那不是虚伪，而是懂得尊重和保护他人的教养。

2.盛怒之下先闭嘴。

在气头上的时候你根本无暇顾及什么该说什么不该说，那就干脆闭上嘴巴，离开让你情绪崩溃的场所，做些别的事，不管什么事，尽管去做。越是激烈的负面情绪越难以长时间停留在峰值上，过一会儿你就会平静下来，冷静了再去解决问题。

3.不要扯涉及对方隐私的事。

出于信任，一些人跟你分享了他们心中深藏的秘密，那等于是将一把尖刀交在了你手上，珍重这份信任，绝不要用这把刀攻击对方，除非你是真的决定断绝你们的关系。

没有人喜欢脾气暴躁、说话难听的人，如果你有这些弱点，希望你能尽早改正。

在不同的场合采取不同的说话方式

善于沟通的人，总是能够恰当地把握说话的场合，巧妙地表达自己的想法，并且让对方产生愉悦的心情。相反，不善于沟通的人，却总是随心所欲、信口开河，不管什么场合都肆无忌惮地乱说一通，以至于说出让人不舒服的话。

说话注意场合，在不同的场合采取不同的说话方式，这应该是一种沟通的技巧，更应该是一个人基本素养的体现。而如果忽视了场合，那么即便是再完美的话，恐怕也无法起到作用，甚至还会招来别人的反感。

比如，在公众场合，你就应该说一些客套话，说一些正式用语，这样才能体现你对听众的尊重。可是如果是老朋友聚会，你却还说那些客套话，打官腔，就会显得太虚假、做作了。之后，恐怕没有人愿意和你交往，更没有人愿意真心对你了。

再比如，悲伤的氛围下，你就应该说安慰的话、沉稳的话；喜庆的氛围下，你就应该说令人高兴、活跃氛围的话。可是如果你没有注意场合，在别人悲伤的时候说喜庆的话，在别人高兴的时候说丧气的话，那么就只能招致别人的误会，甚至仇恨。

因此，我们要记住，想要高效地沟通，就应该在不同的场合说不同的话，否则很难达到理想的效果。不妨看看英国女王的小故事。

英国女王伊丽莎白和丈夫的感情非常好，很多年来一直相知相爱。可是，女王毕竟是一国之君，习惯了发号施令，有时候可能会用同样的方式来对待自己的丈夫。一天，女王忙完应酬之后，已经是深夜了。她回到卧室外，发现房门已经被反锁了，便大声地敲门。

丈夫大声地问："门外是谁？"

她高声且有威严地回答："我是女王。"

可是房间内没有任何反应，她只能耐心地再次敲门。丈夫又问道："门外是谁？"

她这次放低了姿态，改变了回答的方式，说："我是伊丽莎白。"

可是，丈夫还是没有开门，她只能第三次敲门。丈夫依旧问道："门外是谁？"

这一次她用温柔的声音说："我是你的妻子。"

直到这时，丈夫才打开房门，迎接自己的妻子。

是的，伊丽莎白是高高在上的女王，拥有至高无上的权力。可是，这只是她面对大臣、全体国民时的身份。回到家里，她的身份只是一个妻子。面对自己的丈夫、爱人，她就不能摆着女王的姿态说话。否则，家庭关系、夫妻和谐就会出现严重的问题。

不管你是什么样的人，都应该学会根据场合的不同来改变自己说话的态度、方式，以及说话的内容。因为每个人在不同的场合所拥有的身份是不同的，面对的对象也是不同的，所处的氛围也是有所差别的。这就是我们俗话所说的"到什么山上唱什么歌"。如果你不能认清自己的身份，无法把握好所处的场合，那么就会说出有失分寸的话。

那么，我们应该如何说出适宜的话呢？其实很简单，只要我们区分开几种场合就可以了。

1. 陌生场合和熟悉场合。

俗话说："内外有别，亲疏有度。"在陌生场合，我们说话时就要注意分寸，不可胡言乱语，更不可说一些过于亲密的话。而在亲朋好友聚会的场合，我们就可以无话不谈、畅所欲言，不可打官腔、说虚伪的话。不管是哪一种场合，如果你模糊了界限，那么就会说出不得体的话，以至于招来别人的反感。

2.正式场合与非正式场合。

在正式场合，我们就应该严肃认真，说正式用语和礼貌用语，尽量避免口头用语。而在非正式场合，我们可以随意一些，就像是聊天一样，不能太呆板、严肃，这样才能更容易拉近彼此的距离。

3.喜庆场合与悲痛场合。

一般来说，我们说的话应该和所在场合的气氛相协调：千万不要在别人办喜事的时候，说出一些悲伤或是不吉利的话；也不要在别人悲痛的时候说一些开玩笑的话。

总之，针对不同的场合，选择最合适的语言和表达方式，才能让我们的沟通达到最佳的效果。

06 共情式交流

说走心的话，一句顶一万句

学会安慰人，容易赢得他人的好感

形容一个女人如何漂亮时，我们经常会说她“有一头乌黑的长发”，皮肤像“凝脂”一样光滑……而张爱玲却在小说《红玫瑰与白玫瑰》中，描述了这样一种女人的美丽——她们没有倾国倾城的容颜，不会撒娇、发嗲，也没有玲珑有致的身材，但是她们还是会受到别人的喜爱和夸赞。究其原因，就是因为她们懂得如何说话，知道用语言来激励、安慰别人，能让别人感受到一种独特的女性美。其实不论男女，懂得安慰他人的人，都更容易赢得他人好感。

然而，在当今社会，我们在大街上、公交车上，甚至是工作中，都会碰见越来越多“泼辣”的人。他们说话时口无遮拦，想到什么就说什么，甚至有些人还专门在别人失落、难过的时候冷嘲热讽。试问，这样的人又怎么能让人喜欢呢？一个善良的、懂得安慰人的人，才能赢得他人的好感。

小丽是一家律师事务所的秘书，因为她为人温柔细心，非常懂得如何说话，经常能让暴躁、难过的客户静下心来，所以她很受老板的欣赏，被安排接待事务所的重要客户。

有一次，一位姓杨的女士来事务所咨询问题。这位杨女士来的时候精神萎靡，眼睛红肿。小丽询问一番才知道杨女士遇到了难事。原来，杨女士在20年前跟丈夫一起创业，共同经历了许多风雨，现在丈夫却嫌弃她人老珠黄，要与她离婚。

小丽看杨女士哭得伤心，就说："大姐，你不必如此难过。老话说得好，'男怕入错行，女怕嫁错郎'，如果婚姻不幸福，作为女人，我们也应该勇敢地去追寻自己的幸福。"后来，小丽又跟她讲了其他人的故事，让杨女士知道"原来她并不是最痛苦的那个"。杨女士的心情变好了一些，她们不久就成了忘年"姐妹淘"。

小丽在杨女士痛苦的时候及时地给予安慰，帮助杨女士从痛苦中走出来。假如，小丽没有安慰杨女士，而是说一些冷嘲热讽的话，那么杨女士肯定会更加难过，说不定还会觉得小丽落井下石，心中难免会生芥蒂。那样，就算杨女士仍然委托小丽所在的事务所打官司，但肯定会对事务所有意见，想必双方的合作关系从一开始就不会那么融洽。

人生不如意事十之八九，遇到困难的时候，人的内心非常脆弱，这时候就需要别人给予安慰。因此，如果看到悲观者和不幸者，我们要尽可能帮助他们。一句简单的话语，可能就会给他们带去莫大的安慰，会带给他们雪中送炭般的温暖。

作家史铁生在20岁左右的年纪身患疾病，最后双腿瘫痪，不得不与轮椅做伴儿。在刚开始的那段日子里，因为病痛的折磨和身体的残疾，史铁生感到非常难过，他经常抱怨上天的不公，每天都在怨恨中度过，甚至还把对命运的那种怨恨发泄到母亲身上。他的母亲并没有怪他，而是不断地鼓励他、安慰他，告诉他“生命总是多灾多难的，人要懂得忍耐、包容”。

史铁生的母亲每天除了陪着他锻炼身体，鼓励他勇敢地面对生活外，还鼓励他认真写作，让他感受文学世界的美好。最终，史铁生终于从绝望和痛苦中走了出来，也因为写了一些文章而获得了名气。但是等到他终于明白母亲的良苦用心时，这位伟大的母亲已经离世了。史铁生写了一篇散文《我与地坛》，借此怀念自己的母亲。

俗话说：“每个成功男人的背后都站着一个女人。”如果史铁生的母亲没有用言语、行动来安慰、激励他，那么他就很难有勇气从沮丧、痛苦中走出来，我们也就不可能看到那些经典的文章了。

当别人面临痛苦时，我们可以用言语及时地给予他们安慰，让他们知道你并没有放弃他们，而是始终在关注着他们，让他们的精神和灵魂不再孤单。我们说的言语上的安慰并不是指单纯地说一堆好话，而是要在不同的情况下给予不同的安慰。这就需要我们在说话时掌握一定技巧，才能让安慰更加有效。

1.听比说更重要。

遇到不顺心的事，人们喜欢向别人倾诉，这样才有一个出气口，让痛苦减缓。这时候，懂得说话的人应该学会倾听，学会用自己的眼、耳和心去听对方的心声，让他知道你在关注他。

2.把握时机。

安慰他人是一门高深的学问，有些人只图一时之快，很容易说出让自己后悔的话。这样不仅安慰不了别人，还可能与别人结怨，起到反作用。因此，懂得说话的人应该懂得在适当的时机，说合适的话。

3.适时地哭泣也是一种安慰。

当朋友、家人陷于情绪或身体的痛苦之中时，最佳的安慰方法并不是告诉他们“你应该……”或“你不应该……”而是应该允许对方哭泣，让他们可以将“情绪毒素”排出体外。所以，当别人情绪低落时，我们应该想办法让别人把自己的郁闷情绪发泄出来，而不是压抑在心中。

4.安慰他人需要感同身受。

安慰别人不是判断他的对与错，也不需要用“同意”或“反对”来表达关心，而是应该给予别人一定的空间去做自己喜欢的事情。如果我们对别人的遭遇感同身受，这种表现，就能给予他们最好的安慰。

总之，懂得说话的人会在别人处于低潮时给予及时的鼓励和适当的语言安慰，让他们能够更好更快地从忧郁中脱离出来，积极地面对困境。当然，聪明的人还应该明白这样的道理：当我们帮助别人度过艰难的岁月时，不要“恃宠而骄”，更不要觉得别人亏欠我们什么，而是应该始终以一颗平常心去对待人和事。

聪明人都喜欢谈论别人感兴趣的事

生活中有些人经常抱怨没有人关心他，没有人听他说话。其实，不是没有人听你说，而是你说的话实在是很无趣，内容单调、乏味，导致别人都听不下去。因此，真正懂得谈话的人从来都不会以自己为中心，不会想说什么就说什么，而会根据别人的兴趣爱好谈论一些大家都喜欢听、愿意听的话题。

之所以会这样，说到底是因为每个人都希望能在谈话中得到有利于自己的信息，而不是浪费大把的时间说着别人的事情。

某小区里有两位退休在家的大妈，分别是刘大妈和王大妈。这两位大妈都是退休在家带带孩子，或者是与其他伙伴们一起跳广场舞，谈论一些小区里的“新闻”。但是，这两位大妈在小区里的评价却完全不一样。

先说刘大妈。刘大妈每天都会带着自己的孙子在楼下的花园里玩耍，顺便和别人说说闲话，但是，刘大妈每天说得最多的就是邻居家的“八卦”。刘大妈每天最常用的经典开场白是：“你们知道吗？就咱这小区里的 × × 家里来了几个人，我跟你们说，他们是……”刚开始，还有人听，但是时间一长，就没有人乐意再听了，因为大家都很忙，而且大家担心刘大妈有一天也会这样说自己的家事。

再看王大妈。王大妈虽然每天也在楼下带孙子，但是王大妈每天只会跟别人聊聊哪个超市的菜降价了，或者是怎么哄孩子吃饭、睡觉等问题，却不会涉及别人家里的事情。而且，王大妈每天都会把天气预报、超市降价情况写到社区的黑板上，这样方便大家上下班的时候观看。渐渐地，大家都越来越喜欢王大妈的贴心之举。

由此可知，我们在跟别人进行交流时，应该谈论别人喜欢的话题，而不是说一些没有价值的东西，否则我们就会像上面故事中的刘大妈一样被人厌弃。

或许有人会觉得这是在夸大事实，但是我们回想一下自己的经历，就会发现当我们与人交谈时，一定希望对方会和我们谈论一些我们感兴趣的，或者是对我们有利的事情，而不是我们一无所知，甚至是不想听下去的事情。将心比心，别人与我们交谈时肯定也是一样的念头。为此，我们应该学会谈论一些对方喜欢的话题，这样才容易让自己获得好人缘。

安尧是一家食品公司的经理，他一直希望自己能够成为一家大超市的供应商。这四个月以来，安尧不断地与那家超市的经理进行磋商，但是对方往往没有听安尧说完，就摇头拒绝了。原来，安尧向超市经理进行推销时，一个劲儿地说自己的工厂生产的食品有多么可口、干净，价格有多么低，而且往往一说就说很长时间，而超市经理早就没有耐心和精力继续听下去了。

后来，安尧总结了失败教训，再和这家超市的经理进行谈话时，先开始从这位经理感兴趣的话题入手，再慢慢地引到自己的食品上来，接着又向超市经理分析了购买自家食品的好处，让对方明白和自己合作是有利可图的，这才慢慢地促成了这笔生意。

如果安尧没有转变策略，还是一直在兀自地“自卖自夸”，那家超市的经理肯定不会选择他家的商品。由此可见，我们要想与人交朋友，要想与别人进行合作，在说话时一定要有技巧，而不是想说什么就说什么。

生活中，经常有人自怨自艾地说：“感觉自己不会再爱了，因为没有一个人懂自己。”其实，我们有什么资格抱怨呢？与其抱怨别人不懂我们，觉得我们与别人之间的谈话经常是鸡同鸭讲、对牛弹琴，还不如从自己身上找原因。因此，要想让自己知己遍天下，就应该懂得谈话的技巧，从而获得别人的认可。

1.说别人喜欢听的。

要想让别人喜欢听自己说的话，在和别人聊天之前就应该先了解对方内心的真实想法，然后说一些别人喜欢听的话，而不是一味地说自己想说的话。我们要想与别人一见如故，在谈话时就要注意对方的感受，按着对方的喜好来进行交谈，和对方讨论一些他懂得最多、最感兴趣的事物。这样，我们才能顺利走进对方的内心，和对方成为朋友。

2.对自己不喜欢的事情要宽容以待。

如果别人喜欢的恰恰是自己讨厌的，应该学会宽容以待，不要把自己的厌恶心理明显地表现出来，而是应该试着收敛自己的坏脾气，隐藏自己的不友善的表情，不能因为自己不喜欢，就阻止别人喜欢。

3.增加自己的知识量和见闻。

平常多看一些书，对各方面的知识都了解一下，以免在与别人聊天时，不知道别人在说些什么。知识积累得足够多了，不仅能让自己对任何话题都侃侃而谈，改变自己“闷葫芦”的形象，同时也能让自己的气质得到提升。

不要用命令的方式跟下属对话

假如你是一位领导，那你不可避免地要经常与下属进行沟通。掌握良好的沟通艺术，是成为一个好领导的必要条件。遗憾的是，很多领导在与下属沟通时总是频繁地出现问题，这不仅会降低他们的威信，也会影响正常的工作。

作为领导，应该如何与下属进行沟通呢？可以参照以下几点建议：

1. 下达指令要清楚明确。

喜欢长篇大论是很多领导的通病，可是结果呢？你在费了半天口舌之后，却发现下属们根本不明白你要表达什么。作为下属们心中的权威人士，领导所说的每句话、每个字都会被下属当作重要信息。但如果下属接收的信息太多，他们就会忽略领导想表达的核心思想。

身为领导，最基本的一项职责就是能够清晰明确地下达指令，把自己的意思简洁有力地表达出来，并有效地传送到下属们的脑子里。你不光要考虑表达些什么，更要考虑倾听的人能够接受多少。所以尽量不要让你的话有歧义，不要超出下属们的理解范围。同时，还要避免说那些不着边际的话。下属唯有彻底领会了你的意思，才可能更好地工作。况且，长篇大论确实没什么作用，下属们有自己的工作要忙，他们可不是来听你胡扯的。

身为领导，发布指令不要随便更改，一定要考虑成熟之后再发布。不少领导，脑子里充满了新奇的想法，“点子”一个接一个，却总是朝令夕改，不能长久地执行下去。要知道，这样反反复复地修改指令，会让下属们根本不知道该怎么开展工作。有时候，领导给他们传达的几个指令是互相矛盾的，却浑然不自知。

2.批评下属要讲究效果。

当下属做错了事情，或没有按时完成任务时，作为领导当然要对其进行批评。但要注意一点，你必须以解决问题作为出发点。批评时要始终保持平静的态度，不要让下属感觉是在被审判。你应该营造一种平和、认真的沟通气氛，这样才能有效地找出问题的症结所在。批评时要“对事不对人”。让下属在被批评的时候，感觉出你是在针对具体的事情，而不是针对他本人。

批评时要做到公平、公正。指明下属所犯的错误和应负的责任时，要保持公正的态度。任何一个错误都不是一个人单独造成的，况且你的下属也不希望出现这样的错误。所以，不要给他一种罪无可恕的感觉。

批评时要对犯错误的下属进行适当的鼓励。犯错误的下属本来已经非常沮丧，很可能他已经对自己失去了信心，这时候他正需要别人的肯定和鼓励。你给他鼓励，指导他改正错误，他会更乐于听你的建议。

3.随时找下属谈心。

领导应该及时了解下属的想法和意见，这样做可以防患于未然。通常，找下属谈心是最直接有效的沟通方式。不过，在做这件事的时候，想要达到预期的效果，还得注意以下几个方面：

一是确立谈话目标。谈话之前，先确立你这次谈话的具体目标和主题，对你想要与对方进行交流的信息进行总结，然后安排谈话的时间和地点。

二是透彻了解下属。对于你的谈话对象，你要彻底了解，并从他的角度去考虑问题。同时，你还要清楚，这次谈话对他会产生什么样的影响。

三是对谈话进行引导。将你们的谈话引导到你预定的谈话方向上。这样的话，你会收到意想不到的效果。

4.让下属服从自己。

领导最喜欢看到的，就是下属毫无怨言地服从自己每一个指令。在这方面，有一条法则非常适用，那就是“手持大棒悄悄走路”。当你“悄悄走路”时，你能很轻松地发现下属需要什么，然后告诉下属你可以满足对方的需求。这样的话，就能够很好地掌控下属。

在这个过程中，你可以采取三种方式来满足下属的需求。

一是有意地夸奖下属。称赞这种方法虽然有点老套，但非常有效。肯定下属的工作成绩，告诉他你需要他这样的人才，他会更加服从你。

二是让下属明白工作的重要性。通过了解下属的需求，告诉他这份工作能够满足他的需求，就能让他心甘情愿为你效劳。

三是给予他实际的好处。你要让下属明白，只要他干得出色，就可以得到很多实际的好处。这是非常有用的方法。倘若你遭遇了失败，也不要丧气。因为毕竟你是领导，亮出你的“大棒”挥舞几下，他自然就会听命于你，但这种方法还是尽量少用为妙。

懂拒绝的人不会说让别人难受的话

如果大家看过《乱世佳人》，除了对其中敢爱敢恨的郝思嘉印象深刻外，肯定也不会忘记那个媚兰。媚兰是一个令人印象深刻的人物形象。如果说郝思嘉是一团火，热烈、激情，那么媚兰就是水，温柔、怡人。

媚兰始终都那么温柔，连郝思嘉也无法对这个“情敌”恨之入骨，甚至没有办法拒绝媚兰的任何要求。媚兰可以让别人没有任何怨言地答应她的要求，同样的，我们也可以从中领会拒绝他人的技巧，让别人对我们的拒绝不会再感到难受。

林老师是一名高中老师，他为人十分严谨，说话、办事都喜欢直来直去。有一次，林老师收到了一份邀请函。原来，是他的同事张老师的儿子考上了重点大学，张老师因此邀请同事们一起聚一下。但是，林老师那天因为家里有些事，心情不好，不想参加，于是就直接告诉张老师他不去。张老师不知道原因，虽然被林老师这样直接拒绝感到难过，但还是一再盛情相邀。

最后，林老师生气地说："说了不去就不去，你烦不烦？"当时办公室里还有几位其他老师，张老师顿时感觉很难堪，尴尬地笑了笑就走了。自此，虽然表面上没什么，但大家还是感觉到这两位老师之间的关系没有以前那么好了。

其实，林老师就是因为不懂得拒绝的技巧，才会与张老师之间产生误会。如果林老师耐心地跟张老师解释一下原因，或者是拒绝的时候语气能柔和点儿，态度能好点儿，双方有可能就不会闹得这么僵了。

试想，假如有一天我们满心欢喜地邀请自己的朋友、同事去参加一个活动，为此我们甚至还花费了许多时间和精力去精心准备这次活动，结果对方却直接又生硬地对我们说："不去！"这个时候，就算是脾气再好的人听到对方毫不留情的拒绝，也会感到非常的难过、愤怒，觉得自己一片真心相待，却得不到回应。

由此及彼，我们在面对不能答应的要求而予以拒绝时，一定要注意自己的态度和语气，尽量选择舒缓、平和的方式来拒绝别人，这样既不会伤害别人，又可以让自己过得舒心一些。

苏珊女士是一名宠物医生，她就十分懂得拒绝别人的智慧。

有一次，一位贵妇人打电话邀请苏珊女士去她家里帮忙看看她家的牧羊犬。但是苏珊女士还在宠物医院里坐诊救治其他动物，忙得脱不开身，于是就委婉地提议可不可以由院里的另一位医生去给这位贵妇人的狗看病。这位贵妇人不肯答应，非要苏珊女士亲自去不可。

其实，医院里都是客户抱着自己的宠物来看病的，但是这位贵妇人的权势很大，所以她才能要求苏珊到她家里去给狗看病。苏珊并不想得罪这位贵妇人，于是说："夫人，是这样的，不是我不想去您家给您的狗治疗，而是我这里刚才来了一只重病的狗，这只狗的病非常严重，我到现在还没有将其完全治愈。而且，我还不十分确定这只狗身上是否携带有其他病菌，我担心去治疗时会把病菌带到您家。"

结果，那位贵妇人听到后不仅没有不高兴，还认为苏珊女士是一名真正为顾客考虑的好医生，从此更是对苏珊女士另眼相看了。

苏珊女士的故事告诉我们，我们在拒绝他人时，要让对方明白，我们这样做是为了对方好。这样一来，对方才容易接受我们的拒绝。只要我们懂得拒绝的方法，让别人愉快地接受我们的拒绝也不是一件难事。那么，如何拒绝别人才不至于让别人难受呢？聪明的人会这么去做：

1.善于换位思考。

他们知道要想让别人心甘情愿地接受自己的拒绝，就应该从别人的立场出发，从对方的角度和立场来说服对方，让对方知道他们是为了自己好。

2.说话前深思熟虑。

拒绝前先把自己要说的话在脑子里面演练一遍，然后把自己想象成那个被拒绝的人，想象一下自己听到这种回答后的想法和心情。这种做法会让我们严肃对待即将要说出口的话，避免心直口快地说出一些冲动之言。

总之，我们要选择比较和缓的拒绝方式，知道什么时候该用什么样的语气和语言，使被拒绝的人能“乘兴而来，满意而归”。

明白对方的喜好，让聊天更有温度

如果你想拓宽自己的人脉，首先要能跟别人聊得来，让别人觉得和你很投缘。即便是有选择性地与人打交道，你想与君子交朋友，不见得君子也愿意与你有交情。因此，打开话匣子才是最关键的。

刚进公司第一天，小欧就赶上了办公室聚餐。她怯生生地入了座，看到大家谈笑风生，也想融进去，因为只要和这些人搞好了关系，尤其是部门主管，那以后的日子就好过多了。

小欧先是不动声色地坐着，有人和她说话，她就微笑回应；有人给她敬酒，她就连忙站起来，爽快地喝，给足面子。

终于，过了一会儿，她打算主动出击，融入这个团体。

首先，她选择从身边一个打扮时尚，似乎在部门里地位不一般的女同事开始。她目不转睛地看着这位女同事说：“哇，李姐，你的妆化得超好的，超精致的。”

“是吗？呵呵，瞎化的。我看你化得也很不错啊。”

“哪里，比你差远了。你看我的眼睫毛，刷了跟没刷一样，白费工夫。我感觉你的刷出来比较浓密，关键还自然有型，也不知道是技术问题还是我用错了牌子，感觉老是刷不好睫毛。”

“可能两方面都有吧，一来是牌子，二来也要技术好，我这个牌子虽然是朋友送的，说是网购的国外品牌，但我觉得和我买的国内的一些牌子用着差不多。”

“那就是你的技术好了，给传授传授呗。要不我周一上班时，把化妆品拿过来，你帮我看看是哪儿有问题，然后再教我一些技巧行吗？不知会不会占用你的休息时间？”

“这倒不会，我也是自己琢磨着来的。那行，周一我就传授你一些个人经验。”

于是，没一会儿工夫，两人就熟了。

坐在小欧另一边的小陈是办公室里为数不多的两个男性中长得比较有型的一个。此时只见他拿着一款数码相机，这里拍拍，那里拍拍，然后还时不时地自拍一下。

于是，小欧便说：“你喜欢电子产品吗？”

“还行吧，男人嘛，也就这点爱好。”面对小欧的主动攀谈，小陈显得有些不知所措。

“哦，我也喜欢这一类，我听说升级到第九版了，只是现在官方下载不下来，我身边的朋友也没有……”

“看来是个玩家啊，这个我有，回头我给你复制一份。”对方大概一听小欧也是个玩家，于是热情了起来。

“真的吗？那真是太感谢你了。”小欧个人倒是很少玩，只是平时常看自己的男朋友玩，所以也顺带着玩一玩。至于升级到哪一版了，也不是她常常关注，而是听男朋友偶尔提起来的。

正说话间，小欧隐隐地听到小陈旁边的那个女同事趴在主管的耳朵边上在说悄悄话，而且内容好像是在说自己，从一些不连贯的词语中，小欧理解的信息是，这个女同事在说自己这位新来的，又是研究化妆，又是爱打电玩，心思全没用在工作上，工作要是这么勤奋就好了。

而且坐这么远的自己都听到了，更何况是别人。小欧顿时有些气愤，自己没招她、没惹她，她怎么能这么在领导面前诋毁自己。小欧既想替自己辩驳，又不能辩驳，因为那岂不在告诉所有人，自己是个“偷听鬼”？

新进入一家公司，除了要认认真真地工作、谦卑虚心地学习，更要搞好同事间的关系，这有利于塑造和谐的工作气氛，更有利于自身的发展。

显然，小欧是深知这一点的。因此，她利用上班第一天就碰到的一场聚餐，努力融入群体中，从每个人身上寻找突破口。

看到身边的女同事爱化妆，她便主动向对方请教化妆技巧；看到身边的男同事爱电子产品，她便主动和对方聊起电子产品……这的确容易让人产生“投缘感”。

但为什么会有一个并不熟识的女同事要这么针对小欧呢？原因可能有以下几种：

第一，小欧广结善缘让那名女同事看不惯，感觉像是在“拉帮结派”，所以同事可能怕她日后在办公室混得太好，抢了自己的风头。

第二，触了“隐婚男女”的礁。很多公司都不允许发展办公室恋情，更有一些公司一旦发现便勒令开除其中一个甚至是全都开除，因此，为了“既谈恋爱，又不丢工作”，难免会有一些在办公室玩起了“潜伏”，表面装得像普通同事，下班后可能回的是一个家。

如果小欧主动攀谈的男同事小陈是针对她的女同事的男朋友甚至是老公的话，会出现这样的情况就更合理了。

综合来说，小欧的做法是值得学习的，尤其是从一些人表现出来的特征来对这个人进行评估，从而介入这个人的兴趣当中，这样自然让彼此之间“有话可聊”。

那么，遇到像小欧这样的情况，应该怎么做才能挽回局面呢?

绝对不要发火。这是处理问题的底线，在此基础上才能保持理智，有效地处理好问题。

保持微笑。这样一来，如果对方是因为那个男人的关系对自己不满也大可放心了，因为你表现出来的是想要一个一个地和同事尽快熟识的意愿与目的。

总的来说，当你以新人的身份融入一个团体时，需要注意以下两点：

1.一视同仁。

不可表现得过于“博爱”，一会儿表现得和这个谈得来，一会儿表现得和那个谈得来，这样会使之前谈得来的朋友觉得“自己不是最受你重视，也不是你觉得最投缘的人”，因而对你的好感也会减弱。

2.男女有别。

对同性，热情要加倍；对异性，要适度，不可显得过于谄媚。

识别情绪表情，掌握对方的内心

善于察言观色的人，都是具有高超沟通技巧的人，因为他们可以通过人们的言语、表情和动作来识别对方的情绪，从中分析出对方的心理活动，进而说出让人舒服的话。所以，这样的人通常都被人们称为善解人意的人，不管走到哪里都会受人欢迎。

在小陈心里，妻子丽丽就是一个善解人意的人，很多时候自己还没有说出口，她就可以知晓自己的心思。也正因为如此，他感觉到，自己在妻子面前就好像是透明的一样，什么谎话都无法逃过妻子的眼睛。

一个周末，小陈本来想要在公司加班，把快完成的策划案给做完。正在这时，小陈的老同学出差来这里，便约他和其他老同学聚一聚。小陈很长时间没有见这些老同学了，就非常高兴地前去应约了。本来他想给妻子打电话说自己要和老同学聚会喝酒的，可一时高兴，便忘记了这件事情。

由于妻子平时不太赞同小陈喝酒，所以聚会结束之后，他就没有直接回家，而是找了一个地方休息了一下午，等到酒醒之后才回家。为了不让妻子察觉自己说了谎、喝了酒，他还特意把自己从头到脚好好地检查了一遍，确定身上没有任何酒味之后才进了家门。

看到小陈回家了，妻子关心地说："你今天加了一天班，累不累？中午好好吃饭了吗？"

小陈怕妻子看出什么，便镇静地说："嗯，今天加了一天班，感觉非常累。中午只是在外面吃了快餐，稍微吃了些东西。"

小陈刚说完，就想到洗手间冲个澡，以免妻子看出破绽。可妻子却叫住了他，微笑着看着他，然后慢悠悠地说："你今天真的加班了吗？还是老实交代吧！到底去做什么事情了？"

这时，小陈心里有些慌张了，但还是故作镇静地说："就是……加班啊！我……能去哪啊？"可语气明显有些迟疑，身体动作也有些僵硬，只是他自己没有发现罢了。

妻子静静地盯着小陈，似笑非笑地说："哦，加班啊……要不我打电话问问你的同事？"

看妻子似乎早已知道了真相，小陈只好老实交代，说自己参加了同学聚会，忘了和妻子交代，并且还喝了酒。最后，他不解地问道："老婆，你怎么知道我没有去加班，而是去了别的地方？你是不是跟踪我了，或是谁给你打小报告了？"

妻子"扑哧"一声笑了出来，说："就你，我还需要跟踪你吗？我一看你说话的神态和动作就知道你撒谎了！"

没错，一个人撒谎的时候，说话的神态和动作都会发生变化，会出现一些连自己都无法察觉的微表情和微动作。如果两个人相处时间长了，或是观察够仔细，就可以轻松地看出对方的情绪变化，知道他是否撒了谎。

不仅仅是说谎，我们往往可以通过一个人说话的状态，包括语气、语速、语调，以及习惯性的小动作，比如，摸鼻子、抿嘴巴等，来识别对方的情绪变化，从而知道他们正在想什么。

所以，在与人沟通的过程中，我们要通过观察别人的情绪表情，来了解他人的内心，如此一来，我们的沟通才能变得更加顺畅，说出来的话才能让人爱听。

那么，情绪表情究竟包括什么呢？

1.语调表情。

这就是我们所说的说话时声调和节奏的变化，比如，声音的高低、语速的快慢和语气的强弱等。

我们可以通过对方声调和节奏的变化，来识别他们情绪的变化。当一个人高声尖叫，声音颤抖时，说明他非常惊恐；当一个人说话速度加快，并且语气非常重时，说明他此刻内心非常愤怒；而当一个人说话速度缓慢，并且语调低沉时，说明他的心情并不算太好，甚至有些悲伤、痛苦。

2.面部表情。

很多时候，我们的情感和情绪都是通过面部表情来展现的，而这也是非常容易被人发觉的。比如，眉开眼笑，表示人们情绪非常好，心情非常快乐；愁眉苦脸，则表示人们有难过、麻烦的事情，心里比较悲伤。

当然，我们要观察的不仅是这些容易被发觉的表情，还有那些不易被发觉的微表情，比如眼神的闪烁、鼻子的轻微颤抖等。

3.身体表情。

身体表情和面部表情相似，都是人们在不同情绪下所展现出来的不同姿态和动作变化。

弗洛伊德曾经说过："凡人皆无法隐瞒私情，尽管他的嘴可以保持缄默，但他的手指却会多嘴多舌。"很多时候，这些身体表情都是无法控制的。即便再细微，我们也可以发现它。所以，如果你想要了解对方的内心，就应该学会读懂他的身体表情。

赞美也要走心，否则适得其反

很多不善于沟通的人，总是有类似的苦恼：他人总是有一种戒备心理，与自己保持着一定的距离。正是这份距离感，让沟通变得困难起来。那么如何让对方消除戒心，拉近彼此之间的距离，实现高效沟通呢？

事实上，世界上最具有魅力的语言就是赞美。只要你懂得适当地赞美他人，让对方感到愉悦、舒坦，那么就可以拉近彼此的距离，使得双方的关系向前迈进一大步。

生活中，有很多善于赞美他人，善于利用赞美赢得他人喜爱的人。正是因为他们深谙赞美的力量，所以能够成为人见人爱的人，成为高明的沟通者。

魏霞是一家服装店的老板，生意做了十几年，越做越红火，而且很多老顾客都成了她的朋友。每当别人问她生意好、人缘好的秘诀时，她都会笑着说："很简单，那就是多给别人适当的赞美，多给他们面子，让他们觉得自己非常重要、非常出色。"

的确，在面对别人的时候，魏霞就是这么做的。每当有顾客进门时，她都会立即起身迎接，脸上带着灿烂的微笑，然后真诚地说："欢迎光临。"当进门的顾客看到老板这么问候自己，肯定会觉得自己受到了重视和尊重，心中自然会非常愉快。

接下来，魏霞就会进一步赞美顾客，说："你看起来真漂亮！""你是我见过的最有气质的人！"当顾客试穿某一件衣服的时候，她会适时地赞美："这件衣服穿在你身上非常漂亮！""嗯，这件衣服穿在你身上才显得有价值！""你的身材把这件衣服的优势都体现出来了！"

听了这样的话，哪一个顾客的心情会不愉悦呢？哪一个顾客会不愿意和她沟通呢？

但是我们不要觉得有赞美就足够了，事实上，魏霞绝不会胡乱给别人戴高帽儿，她会根据顾客的特点来进行由衷的赞美，比如，身材、气质、言谈、举止等。遇到身材比较普通的顾客，她便会赞美这位顾客皮肤白、温柔、比较爱笑……就是因为赞美得体，让每一个顾客的内心都得到了满足，所以魏霞的店铺才会赢得顾客的喜欢，生意才会越做越红火。

在生活中，有很多人也喜欢赞美他人，但是由于没有把握好赞美的原则，只会胡乱夸奖别人，所以不仅没有让对方心情愉快，反而起到了相反的作用。因此，在与人沟通时，我们要掌握赞美的原则，如此才能让自己的话发挥更好的作用。

总体来说，讨人欢心的赞美一般都遵循以下几个原则。

1.面对不同的人，要采用不同的语言方式。

因为每个人的性格、生活习惯、身份有所不同，所以与人沟通的方式也存在着差异，我们要善于应变，对不同的人采取不同的赞美方式。

对于不同年龄的人，应该采取不一样的赞美方式：对于年纪比较大的人，应该多采取间接、委婉的赞美，千万不要太露骨；而对于年轻的人则可以采用直接、热情的赞美。

对于不同性格的人，赞美方式也应该有所差别：面对比较严肃、低调的人，赞美的话要说得自然、朴实，点到为止；而面对张扬、外向的人，则可尽情地赞美。

2.由远及近，从外到内。

简单来说，就是先赞美这个人所处的环境，再一步步地推进目标，最后赞美这个人本身。这样一来，赞美才不会显得突兀，才能让对方更自然、轻松地接受。

比如赞美一个医生的时候，我们应该先赞美医生这一职业的伟大、高尚，赞美他们救死扶伤的精神，再赞美这个医生为所在医院做出的突出贡献，以及在业内的高超水平，最后赞美他的能力。

3. 态度必须诚恳。

不管我们面前的人是谁，也不管我们要赞美他哪一方面的优势，态度必须诚恳，感情必须真挚。否则，即使你赞美的语言再华丽，也无法起到好的作用，反而会招来对方的反感。

英国专门研究社会关系的卡斯利博士曾说过："大多数人选择朋友都是以对方是否出于真诚而决定的。"如果你想要赢得对方的信任和欢迎，就必须给予真心实意的赞美，而不是虚假的恭维。

总之，想要高效沟通，拉近与交谈对象之间的距离，我们就要尽量地灵活起来，多说几句赞美的话。不过要记住一句话：掌握赞美的原则，得体又恰当的赞美才能改善双方的人际关系。

幽默也有高下之分，你要认真学

无数成功学和人际交往方面的专家，都不厌其烦地向人们强调幽默在人际交往中的重要性。但很多情商低的人，其实都没有真正分清幽默与滑稽之间的区别，更有甚者，总是干着如跳梁小丑般哗众取宠的事，却还自以为幽默。

幽默的内涵是聪明、睿智，是渊博的知识储备和机敏灵巧的应对。幽默不是呆板式的搞笑，更不是俗套式的扮丑，而是一种在不经意间就能让你忍俊不禁，笑完后又回味无穷的哲理与思考，这才是幽默的意义。

有这样两个故事，我们可以来对比一下。

我家附近有一家小旅店，已经开了有些年头，价钱非常便宜，但装修不是太上档次。最近，由于连日下雨，小旅店的一些客房出现了漏雨的情况，墙体有不同程度的剥落。

旅店的一位房客很不幸就入住了一间有漏水情况的客房。他很不高兴，便找来老板很生气地说："你快来瞧瞧那个房间，不知道的还以为我住的是水帘洞呢！这让我怎么住……"

老板的小旅店走的是便宜实惠路线，而且房间虽然确实存在漏水的情况，但其实并没有房客说得那么夸张。更重要的是，房间基本上都已经订出去了，旅店没有多余的房间换给客人。于是，老板只能满脸同情地拍拍客人的肩膀，安慰道："您就不要再埋怨啦，要知道，这个价位的房间，也只能漏水了，漏不了葡萄酒哇！"

无独有偶，另一位住店的房客也因为房间漏水的问题向前来收拾房间的服务员抱怨。服务员瞥了一眼房客，说："舍得花钱就能去对面富丽堂皇的大酒店住了，保证什么都不会漏。"

房客一听这话十分愤怒，与服务员大吵了一架，还在网站上给这家旅店给了个差评。

虽然老板和服务员都是想表达同样一个意思：房费便宜，所以房间条件也就只能如此了。但显然，老板的话语更加委婉幽默，客人即便不满也不至于会真的生气；服务员则不同，他的话里满满都是对房客的讽刺，显得滑稽又小气，让房客原本就不很坏的心情变得更加糟糕了。

幽默是一种智慧，也是一种技巧，不是靠依样画葫芦就能学来的。学识与智慧是生产幽默的“原材料”，如果没有这些东西，只靠生搬硬套，那么结果注定只能是弄巧成拙。

在这里，给大家提几点建议，希望每个人在运用幽默的时候，能把握好尺度，别用低级趣味拉低自己的格调。

1.别降低档次，把滑稽当幽默。

很多人常常会混淆滑稽和幽默的概念，把扮丑当作幽默，并乐此不疲。然而，事实上，滑稽与幽默是有本质上的区别的，扮丑逗乐顶多能称为滑稽，远远称不上幽默。甚至有时候，扮丑逗乐这件事，把握不好尺度，反而会让人产生厌恶感，尤其是那些本身就带着恶意的扮丑行为。

2.保持善意，摒弃嘲讽。

讽刺和幽默常常被人们相提并论，这其实也不难理解，毕竟这一对“好兄弟”常常携手上阵。“高端黑”不正是讽刺和幽默结合的最佳产物吗？但即便是再亲近的“兄弟”，也是存在差异的，讽刺和幽默同样如此。如果失去了善意，那么这种带着幽默的讽刺便只是嘲讽，哪怕把话说得再巧妙，也改变不了它恶意的本质。

3.别太刻薄，宽容待人。

一个总是贬低别人，说话尖酸刻薄的人，不管走到哪里，都是很难受到别人的欢迎的。幽默与刻薄本就不是“一路人”，幽默是一种圆融的智慧，是人与人之间有效的润滑剂。一个懂得幽默的人要有一颗豁达、宽容的心，这样才能自然而然地以幽默的心态来看待分歧、争端等。否则，只是言辞幽默而内心却斤斤计较，那对方听来也会感到刺耳。

打动人心，要以换位思考的方式说话

只为自己考虑，不为他人着想，这样的人格局是很小的。在人际交往中，格局大的人都懂得将心比心，能够设身处地做换位思考，这是达成理解不可缺少的心理机制。

在世间行走，我们不仅要向内看到自己的需求，更要向外关注他人的感受，那不是一种奉献，更不是吃亏，而是从根本上对自己的保护和帮助——只有学会站在对方的立场体验和思考问题，才能在情感上得到沟通，减少矛盾分歧，奠定相互理解和接纳的基础，最终有利于问题的解决和目的的达成。

贾跃是一个热衷网购的时尚宅男，上网十余年，经历了中国网购从兴起到兴盛的整个发展过程。要是以他每月的成交量和消费量来看，他绝对算得上是中国几大网上商城的超级客户。

网购方便快捷，好处很多，但有时候也会遇到买不好的情况，退换货操作起来比较麻烦。随着网商的运营越来越成熟，越来越专业化，对消费者的保障日趋完善，连退换货也不再是什么难事，唯一困扰贾跃这种“铁杆网购狂”的问题就是快递不够快了。加上贾跃他们家的情况有点特殊——他家位于一个老旧小区的板式居民楼里，小楼一共6层，他家住顶层，因为是比较老旧的建筑，楼层也不高，当初设计时就没有装电梯。这也是贾跃偏爱网购的一个重要原因，6层说高不高，但扛着大包小包往上爬可真不轻松。

自从网络上也有了超市，贾跃的购物范围又拓宽了，柴、米、油、盐、酱、醋、茶，什么都在网上买，特别是瓶装饮用水、果汁饮料和啤酒，以往都是从超市零散地买，现在网上买整箱还有折扣，可把他乐坏了。尤其是到了夏天这个需要大量饮品的季节，他鼠标轻轻一点，坐在家里就能等着吃的喝的上门，当天下单，次日到货，又快又省心。

但是这样买了几次之后，贾跃注意到给他们家送货的快递小哥态度越来越差了，之前还笑呵呵地让他签收，后来把东西狠狠撂下，话都不多说一句，脸上明显有不高兴的表情。

虽说贾跃买的是商品，不是快递员的笑脸，但送快递的每次都跟有深仇大恨一样对他，让他非常不自在，为此他还打了售后服务电话投诉那位快递员，快递公司对快递员进行了调换。

那人第一次给贾跃送货，就口气不善地对他说：“你们这儿没有电梯，干吗一次买这么多东西，你这一单我们送上来只能挣3块钱，要不你拆成几单买，让我们也赚一些，真快累死了。”

贾跃嘴上哼哼哈哈地应承着，心里却暗想：“多下几单？我要不凑够了一定钱数就不能享受满额折扣，要不是为了凑单得实惠，我还不至于买这么多呢，管你送货赚多少钱，你就是干这行的，还不想受累搬东西，有本事别送快递啊。”

贾跃一如既往地在网上成箱买啤酒、饮料，跟快递员之间的不愉快时时惹他不爽，却也只能忍着，直到有一天，贾跃自己做了一回“快递员”，才彻底改变了他的想法和态度。

贾跃所在的公司是私企，他是老板的助理，免不了在工作之外为老板做些私人事务。这天，老板从外面打电话给他，跟他说自己车里有些酒水饮料，让他赶紧开车给老板娘送过去，那边急着用。

贾跃拿着老板的车钥匙，开着车就到了老板家楼下，停好车打开后备厢，他可傻了眼，一箱可乐，一箱啤酒，还有红酒四瓶，橙汁、椰汁、酸枣汁两大兜，矿泉水两箱。这样的量，基本赶上他每次网购的数量了，贾跃在老板娘的催促下搬着这一大堆东西往老板家走。因为东西太多，一次肯定拿不了，他只好先拿几样走几步，回来再搬几样，换着往前挪。

到了楼下他终于明白老板为什么支使他帮忙送一趟了，老板家这个楼的电梯停机检修，贾跃只能拖着东西爬到7层。他气喘吁吁，一层一层搬上去，汗湿了衬衫，手腕都快断了。

敲开老板家房门，老板娘穿个睡衣迎出来，又让他把东西都搬进屋里，轻描淡写一句"谢谢啊，你赶紧回去吧"，就关上了房门。

贾跃皱着眉头，一言不发地下楼开车，他不是因为老板娘的态度生气，而是想到了那些给自己家送货的快递员，他们脸上的表情，与其说是"态度恶劣"，不如说是对贾跃无声的埋怨。

己所不欲，勿施于人。酸痛的肩膀和满头大汗告诉他，他错了。虽然在买卖行为上挑不出毛病，但他的良心知道，自己不顾别人感受，还总耍脾气投诉快递员，简直是个讨厌的自私鬼。

换位思考，低层次要做到的就是一碗水端平，对人对己同一标准，不能一味地对别人高标准、严要求，甚至是苛求，只要一点不满足自己，不管人家是不是有困难有苦衷，就视作仇敌，不给好脸。高层次则是宽对人严对己，对别人做得不到位的事情，该提出来的就提出来，如果无伤大雅，则提都不用提；

察觉到有什么隐情，还应主动帮助别人，广结善缘。

有时候一些觉得忍不了的事，在了解了前因后果之后，就变得很好理解了，别人为什么迟到？别人为什么说话不算数？别人为什么没有提供让你满意的服务或者商品？在发怒和指责之前，多问一句为什么，就能免去很多事后的麻烦和悔恨。

同一件事，如果换作是你，处在对方的位置上，是不是就一定能做得比人家周到，是不是就能满足所有人的要求？如果不能，你又有什么理由揪着别人的言行不放，还总觉得自己吃了亏？

谁也没有逼你去体会他人的感受，但不会换位思考的人会被看作：

1.自私鬼。

在诸多性格上的缺点中，最让人难以忍受的就是这一点。某婚恋机构对6000位适婚年龄的单身男女进行的调查显示，婚恋对象性格特征中最不能被接受的一点就是自私自利，以自我为中心。自私的人走到哪里都不受欢迎。

2.惹事精。

明明是一两句话就能解决的事，最后发展成大吵大闹、大打出手，甚至闹出人命，因为只想到自己，不管别人怎么样，自认为被冒犯了，吃亏了，就要报复回来，那样的“混世魔王”，人人避之唯恐不及。

3.受气包。

因为对自己的感受太过关注，自己的所失所得都被无限放大，活在自己世界里的人很容易产生负面情绪波动，别人的死活他们不介意，他们的喜悲却要求别人放在心上，想想也知道不可能，所以总在难受，总在愤怒，迟早要憋出病来。

同样的问题，在你看来是小事，在别人看来可能就是大事，学会换位思考，是高格局的体现，更能让你在社交中给别人留下好印象。